Ausbildungsliteratur

Unfallversicherung

Kaufmann für Versicherungen und Finanzen
Kauffrau für Versicherungen und Finanzen

Versicherungsfachmann
Versicherungsfachfrau

Herausgegeben vom Berufsbildungswerk
der Deutschen Versicherungswirtschaft (BWV) e.V.

VVW
KARLSRUHE

Bibliografische Information der Deutschen Nationalbibliothek

Die Deutsche Nationalbibliothek verzeichnet diese Publikation
in der Deutschen Nationalbibliografie;
detaillierte bibliografische Daten sind im Internet über
http://dnb.d-nb.de abrufbar.

Herausgegeben vom Berufsbildungswerk
der Deutschen Versicherungswirtschaft (BWV) e.V.

Autoren:

Hubert Holthausen Köln
Peter Schlinck Köln

Verantwortlicher Redakteur:

Hubert Holthausen Köln

Anregungen und Kritik bitte an E-Mail: Ausbildungsliteratur@vvw.de

Satz: Satz-Schmiede Bachmann Bietigheim
Druck: Konkordia GmbH Bühl

ISBN: 978-3-89952-268-6

Vorwort

Seit Inkrafttreten der Neuordnung der Berufsausbildung zum/zur Kaufmann/ Kauffrau für Versicherungen und Finanzen am 1. August 2006 bringt das Berufsbildungswerk der Deutschen Versicherungswirtschaft (BWV) e.V. eine neue Lehrbuch-Reihe für die Ausbildung heraus. Das BWV knüpft mit diesem weiteren Band somit an seine bewährte Tradition auf diesem Gebiet an.

Im Rahmen der Einführung des neuen Versicherungsvertragsgesetzes am 1. Januar 2008 und der aktuellen Rechtssprechung wurden die Unfallversicherungsbedingungen angepasst. Von der Risikoanalyse und Risikobewältigung über die Zielgruppen und die verschiedenen Leistungsarten bis hin zur Beitrags- und Leistungsberechnung werden die Lernenden systematisch in die Materie eingearbeitet. Der vorliegende Band ist dabei konsequent am Rahmenlehrplan der Berufsschulen für Kaufleute für Versicherungen und Finanzen ausgerichtet und auf das Bedingungswerk 1 Proximus Versicherung abgestimmt. Die erfahrenen Autoren Hubert Holthausen und Peter Schlinck haben anschaulich und differenziert die alten AUB 2005 und die neuen AUB 2008 in das Werk eingearbeitet. Jeder Leser erkennt aufgrund der tabellarischen Übersichten, Unterlegungen und Beispiele sofort die Unterschiede. Die gesetzliche Unfallversicherung rundet die Thematik ab.

Das Ziel der Neuordnung – kundenorientierte Beratung und Verkaufskompetenz auf der Basis eines breiten Produktwissens zu schaffen – wird auch mit diesem Band verfolgt. Das vorliegende Buch ist auch für die Ausbildung der Versicherungsfachleute sowie für die Weiterbildung zum/zur Versicherungsfachwirt/Versicherungsfachwirtin geeignet. Es bietet allen Studierenden in der Versicherungswirtschaft beste Vorrausetzungen, sich effizient mit der Thematik zu befassen.

Den Autoren danken wir für die gelungene Mischung aus fachlicher Prägnanz und Praxisrelevanz in der Umsetzung aller Kapitel.

München, Januar 2008

Inhaltsverzeichnis

Abkürzungsverzeichnis

Abs.	Absatz
AG	Aktiengesellschaft
AGBG	Gesetz zur Regelung des Rechts der Allgemeinen Geschäftsbedingungen
AUB	Allgemeine Unfall-Bedingungen
allg.	allgemein
AltEinkG	Alterseinkünftegesetz
AN	Arbeitnehmer
AVB	Allgemeine Vertragsbedingungen
BaFin	Bundesanstalt für Finanzdienstleistungsaufsicht
BAK	Blutalkoholkonzentration
BBG	Beitragsbemessungsgrenze
BG	Berufsgenossenschaft
BGB	Bürgerliches Gesetzbuch
BUZ	Berufsunfähigkeitszusatzversicherung
d. h.	das heißt
ErbStG	Erbschaftsteuergesetz
EStDV	Einkommensteuer-Durchführungsverordnung
EStG	Einkommensteuergesetz
ff	Folgende
GDV	Gesamtverband der Deutschen Versicherungswirtschaft e.V.
gem.	gemäß
GG	Grundgesetz
GRV	Gesetzliche Rentenversicherung
HGB	Handelsgesetzbuch
HVBG	Hauptverband der gewerblichen Berufsgenossenschaften
inkl.	inklusive
JAV	Jahresarbeitsverdienst
MDE	Minderung der Erwerbsfähigkeit
p. a.	per anno (pro Jahr)
p. r. t.	pro rata temporis
SGB	Sozialgesetzbuch
Soli	Solidaritätszuschlag
u. a.	unter anderem
UPR	Unfallversicherung mit Prämienrückgewähr

VAG	Versicherungsaufsichtsgesetz
VerBAV	Veröffentlichungen des Bundesaufsichtsamtes für das Versicherungswesen
Vers.	Versicherung
VerStG	Versicherungsteuergesetz
vgl.	vergleiche
VN	Versicherungsnehmer
VP	versicherte Person
VR	Versicherer
VU	Versicherungsunternehmen
VVG	Versicherungsvertragsgesetz
z. B.	zum Beispiel

Unfallversicherung

Lernziele

In diesem Kapitel erwerben Sie Kenntnisse und Fertigkeiten für folgende Leistungsziele:

Sie

- ermitteln Zielgruppen und stellen den unterschiedlichen Bedarf heraus
- erklären die Kriterien für die Ermittlung des unterschiedlichen Bedarfs
- ermitteln bedarfsgerechte Versorgungslücken bei der gesetzlichen Unfallversicherung
- beraten den Kunden bei der Festlegung seines Versorgungszieles
- erklären die Leistungsarten je nach Zielgruppe und erläutern die Anspruchsvoraussetzungen
- schildern die Besonderheiten der Kinder-Unfallversicherung
- erläutern die Gründe für die Anpassung des Versicherungsschutzes
- erklären anhand von Beispielen die Möglichkeiten der Verbesserung der Invaliditätsleistung bei höheren Invaliditätsgraden
- grenzen Gefahrengruppen und andere Risikomerkmale ab
- ermitteln Beiträge

1. Private Unfallversicherung

▶ Situation

Frau und Herr Berger kommen mit ihren Kindern und der Großmutter von einem Besuch in Norddeutschland mit dem KFZ zurück. Kurz hinter dem Heumarer Dreieck befindet sich auf der Autobahn ein Stauende. Herr Berger erkennt dies nicht und kann das Fahrzeug nicht rechtzeitig bremsen und fährt auf ein stehendes KFZ auf. Alle Insassen werden schwer verletzt und tragen bleibende Gesundheitsschäden davon. Nach diesem Unfall muss sich die gesamte Familie auf eine neue Lebenssituation einstellen. Wie hoch ist das Unfallrisiko in Deutschland?

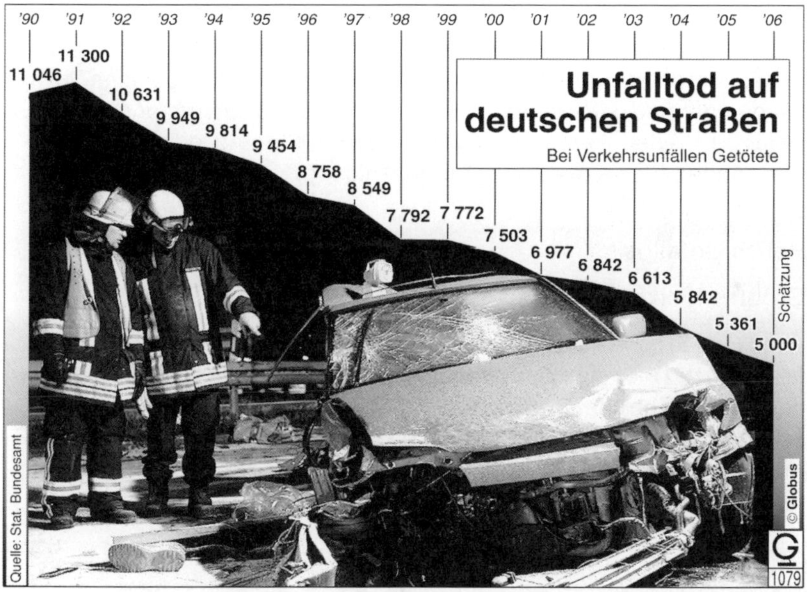

1.1 Risikoanalyse und Risikobewältigung

Unfälle passieren zu jeder Zeit und überall. Sie gehören zu den unkalkulierbaren Risiken im Leben. Durch die stetig zunehmende Entwicklung von Technik und Straßenverkehr werden die Unfallgefahren häufiger und größer. Presse, Rundfunk und Fernsehen berichten täglich von Verkehrs-, Berufs- und Freizeitunfällen sowie von häuslichen Unfällen.

Unfälle passieren in Deutschland im Sekundentakt:

- auf dem Weg zur Arbeit und zurück nach Hause
- auf der Baustelle
- am Arbeitsplatz
- als Heimwerker beim Schrauben, Bohren oder Schnitzen
- in der Freizeit, beim Sport, beim Spielen
- auf der Fahrt in den Urlaub
- im Urlaub
- im Haushalt, beim Kochen oder Putzen

Viele Unfälle verlaufen glimpflich. Häufig werden die Betroffenen aber so schwer verletzt, dass sie vorübergehend oder gar auf Dauer ihrem Beruf, ihrem Haushalt und ihren gewohnten Freizeitaktivitäten nicht mehr oder nur eingeschränkt nachgehen können. So ist es denkbar, dass z. B. ein Fahrzeug mit behindertengerechten Bedienungselementen angeschafft werden muss; oder es wird ein Umzug in eine neue Wohnung mit Aufzug und Umbau des Bades notwendig. Auch beruflich kann eine Umorientierung erforderlich werden, wenn der bisherige Beruf nicht mehr ausgeübt werden kann. Eventuell wird sogar eine Vollpflege notwendig. Diese Veränderungen in der Lebensführung kosten viel Geld. Leider übernimmt die Krankenversicherung lediglich die Aufwendungen für die medizinische Behandlung.

Hohes Unfallrisiko

Größtes Risiko zu Hause

Rund 8,5 Millionen Menschen haben sich im Jahr 2004 bei einem Unfall verletzt. Über die Hälfte der Unfälle ereignete sich zu Hause oder in der Freizeit, zum Beispiel beim Fensterputzen, Renovieren oder beim Sport. Das Unfallrisiko im Straßenverkehr ist mit rund 440 000 Verletzten dagegen vergleichsweise gering. Allerdings sind die Unfallfolgen meist schwer wiegender als anderswo.

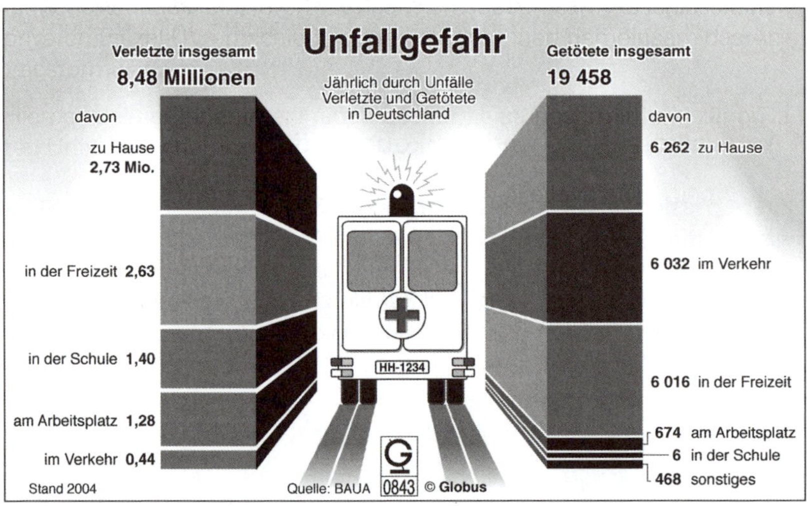

Markt und Chancen

Etwa 40 % der Bundesbürger besitzen keine Unfallversicherung – betrachtet man nur die weibliche Bevölkerung, sind es nur ca. 35 %, die eine Unfallversicherung abgeschlossen haben.

Mehr als 1,5 Millionen Hausfrauen verunglücken jährlich, sie haben keinerlei gesetzlichen Unfallversicherungsschutz.

Nur rund 30 % der Jugendlichen bis 18 Jahre sind durch eine private Unfallversicherung gegen die wirtschaftlichen Folgen eines Unfalls geschützt.

Mit über 25 Mrd. € ist unsere Volkswirtschaft im Jahr durch Unfallfolgekosten belastet.

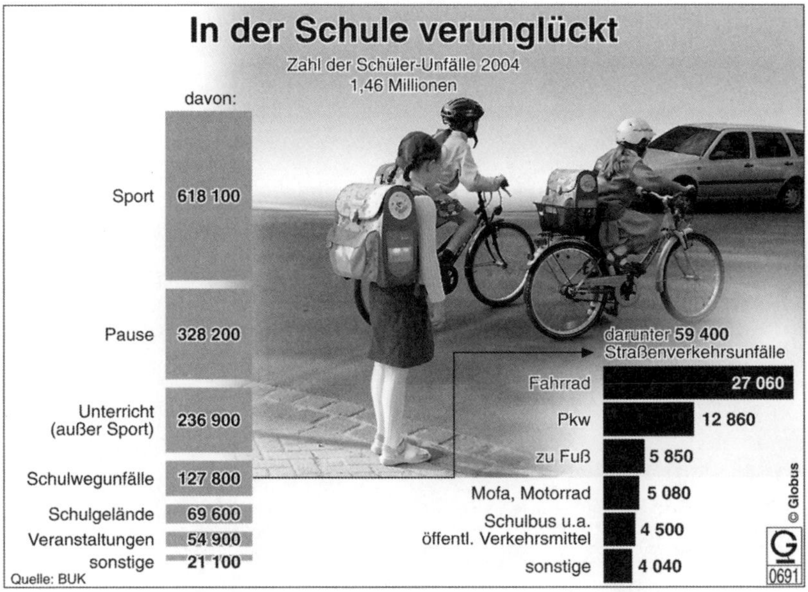

Schüler unter Versicherungsschutz

Zwar passiert nur ein kleiner Teil (8,8 Prozent) der Schüler-Unfälle auf dem Schulweg, doch sind diese oft folgenschwer. Am unfällträchtigsten im Bereich rund um die Schule ist der Schulsport. Über 618 000 Unfälle wurden dem Bundesverband der Unfallkassen im Jahr 2004 angezeigt. Dass sich die Schüler in der Pause viel bewegen, ist ausdrücklich erwünscht. Doch kommt es auch beim Toben auf dem Schulhof immer wieder zu heftigeren Blessuren, wo es mit einem Pflaster oder einer Kühlpackung nicht getan ist.

Kinder: Opfer leichtsinniger Erwachsener

121 Kinder bis 15 Jahre sind 2006 zuhause tödlich verunglückt. Die Unfallursachen sind stark altersabhängig. So wurden zu dicke Kopfkissen in der Wiege oder Kordeln von Schlafanzügen elf Säuglingen zum Verhängnis, die daran erstickten oder sich erdrosselten. Ältere Kinder werden dagegen eher Opfer ihrer Neugier und Experimentierfreude, aber auch des Leichtsinns von Erwachsenen. So starben 28 Kinder an Verbrennungen – durch neugieriges Zündeln ebenso wie durch leichtsinnige erwachsene Grillfreunde, die zum Beispiel Brandbeschleuniger benutzen, damit das Grillfleisch einige Minuten früher auf dem Teller liegt.

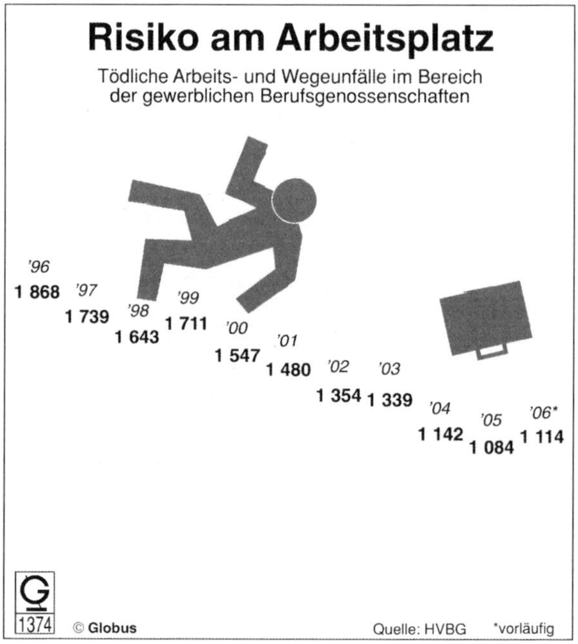

Mehr Unfälle im Berufsleben

Die Zahl der Arbeits- und Wegeunfälle ist im vergangenen Jahr erstmals seit vielen Jahren wieder gestiegen. Der Hauptverband der gewerblichen Berufsgenossenschaften (HVBG) registrierte 1 002 830 meldepflichtige Unfälle – das waren fünf Prozent mehr als im Vorjahr.
Auch bei den tödlich verlaufenden Unfällen gab es eine Steigerung um 2,8 Prozent auf 1 114 Fälle. Auf dem Weg zur Arbeit oder von dieser nach Hause verunglückten 468 Menschen tödlich; das waren 27 weniger als im Jahr 2005. Bei Unfällen am Arbeitsplatz starben 566 Arbeiter und Angestellte – 57 mehr als im Jahr zuvor.

Statistische Angaben: Hauptverband der gewerblichen Berufsgenossenschaften

Da Schwere und Dauer eines Unfalls nie vorauszusehen sind, sollte sich keiner auf sein Glück und seine finanziellen Mittel verlassen. Die wirtschaftlichen Folgen eines Unfalls können sein:

- der Arbeitgeber zahlt das Gehalt nach 6 Wochen nicht mehr
- das Krankengeld der Krankenkasse ist niedriger als der Lohn
- eventuelle Nebenverdienste fallen weg
- zusätzliche Kosten fallen an:
  - Krankenhausbesuche
  - kleine Aufmunterungen wie Blumen, Süßigkeiten, Bücher, Videos usw.
  - Selbstbeteiligung im Krankenhaus
  - Telefon-/TV-Kosten im Krankenhaus

Bei allen schweren Unfällen:

- ein rollstuhlgerechter Umbau der Wohnung/des Hauses kann heute bis zu 90 000,00 € kosten
- nach spätestens 78 Wochen zahlt die Krankenkasse kein Krankengeld mehr, der Verletzte muss einen Rentenantrag stellen

Aufgabe der Unfallversicherung ist es also, Einkommensverluste und Einbußen an Lebensqualität auszugleichen. Ihre finanziellen Leistungen können das Startkapital für eine neue Existenz sein oder langfristig den Unterhalt sichern.

Die Unfallgefahren werden in der breiten Öffentlichkeit meistens unterschätzt. Nur so ist es zu verstehen, dass lediglich ein geringer Teil der Bevölkerung eine private Unfallversicherung abgeschlossen hat.

Daher hat die private Unfallversicherung eine große Bedeutung. Jeder benötigt sie, z. B. alle, die

- eine Familie ernähren
- einen Haushalt versorgen
- auf sich allein angewiesen sind
- in einem Arbeitsverhältnis stehen
- selbstständig sind
- freiberuflich arbeiten
- Rad und Auto fahren
- Sport treiben
- Heimwerker sind
- in den Kindergarten oder zur Schule gehen
- in der Ausbildung sind
- usw.

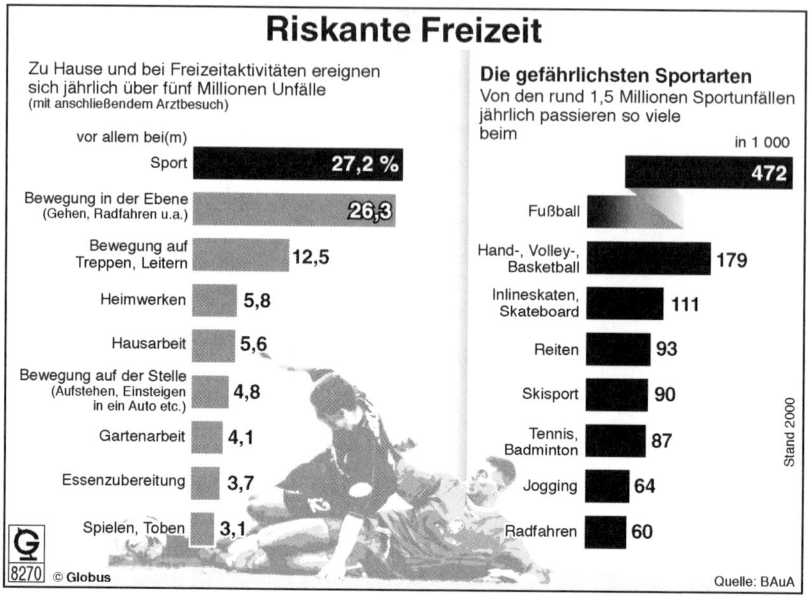

Hohes Risiko zu Hause

Zu Hause oder in vertrauter Umgebung fühlt man sich in der Regel sicher; aber trotzdem passieren dort Unfälle – sei es, dass man in Gedanken und dadurch unachtsam ist, sei es, dass ein „Stolperstein" dort liegt, wo sonst keiner ist. Jeder dritte Unfall (mit anschließendem Arztbesuch) ereignet sich zu Hause, jeder fünfte in der unmittelbaren Umgebung der Wohnung. Besonders unfallträchtig ist der Sport. Rund 1,5 Millionen Unfälle jährlich oder 27 Prozent aller Unfallverletzungen ereignen sich bei sportlichen Aktivitäten. 472 000 Verletzungen durch Unfälle sind dem Massensport Fußball zuzurechnen; auf „Risikosportarten" wie Inlineskaten oder Skifahren kommen 111 000 beziehungsweise 90 000 Unfälle im Jahr.

Statistische Angaben: Bundesanstalt für Arbeitsschutz und Arbeitsmedizin (BAuA)

Grundsätzlich haben alle Personen der Familie Berger, unabhängig vom Alter und vom Gesundheitszustand die Möglichkeit, sich durch eine private Unfallversicherung gegen die finanziellen Folgen eines Unfalls abzusichern und dies mit einem relativ geringen Beitrag.

▶ Praxishinweise

nur Proximus AUB 2005

Lediglich in den Fällen, in denen Personen in der Regel Entschädigungsleistungen aus der Unfallversicherung nicht erwarten können, weil ihre körperliche oder geistige Leistungsfähigkeit fast völlig aufgehoben ist, oder z. B. bei Geisteskranken für die Unfälle im Allgemeinen durch die

Bestimmungen ausgeschlossen sind, ist der Abschluss einer privaten Unfallversicherung nicht möglich.

Senioren mit hohem Unfallrisiko

Senioren leben, so geht es aus der jährlich vom Statistischen Bundesamt, Wiesbaden, herausgegebenen Todesursachenstatistik hervor, in Haus und Hof am gefährlichsten: Vier von fünf aller im Haushalt tödlich Verunglückten waren älter als 65 Jahre. Sie wurden in rund 80 Prozent der Fälle Opfer eines Sturzunfalls.

Für die Absicherung der Senioren wurden spezielle Produkte entwickelt.

Todesursachenstatistik 2004

Tödliche häusliche Unfälle 2004 nach Altersgruppen und Unfallkategorien in der Bundesrepublik Deutschland

Ursache der Verletzung		insgesamt	Davon im Alter von … bis unter … Jahren						
			unter 1	1–5	5–15	15–25	25–45	45–65	65 u. älter
Vergiftung	M	58	0	0	0	6	21	18	13
	W	30	0	2	0	0	5	8	15
	Z	88	0	2	0	6	26	26	28
Sturz	M	2 064	3	7	4	4	73	331	1 642
	W	3 048	1	1	2	1	17	133	2 893
	Z	5 112	4	8	6	5	90	464	4 535
Feuer und Flammen	M	187	1	5	2	9	38	72	60
	W	153	1	5	2	3	13	32	97
	Z	340	2	10	4	12	51	104	157
Ertrinken	M	47	1	12	0	2	7	8	17
	W	36	1	3	0	2	5	4	21
	Z	83	2	15	0	4	12	12	38
Mechanisch. Ersticken	M	148	5	5	3	1	25	33	76
	W	146	3	7	0	1	10	16	109
	Z	294	8	12	3	2	35	49	185
Verbrennen Verbrühen heiße Subs.	M	11	0	0	0	0	0	2	9
	W	11	0	0	0	0	0	3	8
	Z	22	0	0	0	0	0	5	17
Sonstige Unfälle	M	158	0	3	2	4	13	41	95
	W	165	0	3	1	0	4	13	144
	Z	323	0	6	3	4	17	54	239
Gesamt	M	2 673	10	32	11	26	177	505	1 912
	W	3 589	6	21	5	7	54	209	3 287
	Z	6 262	16	53	16	33	231	714	5 199

M = männlich W = weiblich Z = zusammen

Quelle: Statistisches Bundesamt, Wiesbaden

Stürze: Unfallgefahr Nummer eins

Mit rund 80 Prozent oder 5 112 tödlichen Unfällen sind die Stürze die Unfallgefahr Nummer eins im Haushalt. In dieser Zahl finden sich Kleinkinder, die von einem ungesicherten Balkon in die Tiefe stürzen ebenso wieder wie der Hausbesitzer, der beim Reinigen der Dachrinne von der Leiter fällt, oder die alte Dame, die sich im Dunkeln die Kellertreppe hinuntertastet und dabei über abgestellte Flaschen und Kartons stolpert.

Sportunfälle

Verteilung der Sportunfälle nach ausgewählten Sportarten und Geschlecht

	Fußball	Handball	Tennis	Skilaufen
Unfälle	410 000	92 000	68 000	124 000
Männer	97 %	72 %	68 %	51 %
Frauen	3 %	28 %	32 %	49 %

Typische Bürounfälle

- Stürze beim Gehen
- Stürze auf Treppen
- Stürze von Leitern und Tritten, von ungeeigneten Aufstiegen
- Stürze beim Transport großer Akten- und Schriftgutmengen
- Verletzungen beim Benutzen von Bürogeräten, Maschinen und Möbeln
- Verletzungen an Papier, Schere, Messer usw.

Für die wichtige Invaliditätsversicherungssumme gilt die Faustregel: Brutto-Jahreseinkommen x 6. Bei einem Jahresverdienst von 30 000 € ist eine Unfallversicherung über eine Versicherungssumme von 180 000 € Spitzenprogression empfehlenswert. Andere Berechnungsmöglichkeiten, z. B. mit Berücksichtigung eventueller gesetzlicher Leistungen aus GUV/GRV, sind möglich.

Allein auf die gesetzliche Unfallversicherung kann sich niemand verlassen. Sie schützt nur Berufstätige, Schüler und Kinder. Und das auch nur während der Arbeitzeit, der Zeit im Kindergarten oder in der Schule – und auf den jeweiligen Hin- und Rückwegen (der Sturz im Treppenhaus ist nicht gesetzlich abgesichert. Der Sturz auf der Straße schon). Hausfrauen, Selbstständige und Freiberufler haben überhaupt keinen gesetzlichen Schutz. Der Versicherungsschutz beginnt und endet an der Haustür, nicht an der Wohnungstür des Versicherungsnehmers.

Beiträge und Leistungen in der Privaten Unfallversicherung

Jahr	Anzahl Versicherungs-unternehmen	Beiträge[1]		Leistungen[2]		Schadenquote[3]
		Mio. EUR	Veränderung gegenüber Vorjahr in Prozent	Mio. EUR	Veränderung gegenüber Vorjahr in Prozent	in Prozent
1950	63	29,3	13,7	•	•	•
1960	91	124,2	12,2	62,2	11,7	57,3
1970	99	456,4	16,5	213,9	20,3	54,8
1975	107	828,1	11,7	392,2	13,3	53,6
1980	125	1 471,4	12,0	691,4	12,1	53,8
1985	129	2 260,7	7,7	1 027,6	8,4	52,5
1990	147	3 139,8	7,3	1 419,8	6,1	52,6
1995	165	4 662,5	4,0	2 165,6	6,8	54,1
1996	161	4 824,8	3,5	2 285,7	5,5	55,5
1997[4]	162	4 986,9	3,4	2 388,5	4,5	56,6
1998	161	5 134,4	3,0	2 471,8	2,7	57,4
1999	156	5 300,2	3,2	2 509,8	1,5	57,0
2000	156	5 403,6	2,0	2 460,4	–2,0	55,2
2001	157	5 484,7	1,5	2 451,6	–0,4	54,4
2002	153	5 603,9	2,2	2 392,4	–2,4	52,4
2003	152	5 808,4	3,6	2 546,1	6,4	54,5
2004	148	5 969,2	2,8	2 586,2	1,6	54,6
2005	145	6 034,3	1,1	2 661,5	2,9	56,1
2006	142	6 237,0	3,4	2 794,6	5,0	57,4

1) gebuchte Brutto-Beiträge inländisches Direktgeschäft, 2) Brutto-Aufwendungen für Versicherungsfälle des Geschäftsjahres s.a.G., 3) Brutto-Aufwendungen für Versicherungsfälle s.a.G. in Relation zu den verdienten Bruttorisiko-Beiträgen s.a.G., 4) bereinigt – Quelle: GDV.

1.2 Umfang des Versicherungsschutzes

▶ Situation

Zu den Pressemitteilungen 1–3 möchte die Auszubildende Silke Bertram von Ihnen wissen, ob ein Unfallgeschehen im Sinne der AUB vorliegt.

1 Tragischer Unfalltod in Norddeutschland

Der Azubi Norbert K. verließ nach Mitternacht die ausgelassene Partyrunde und ging zu Fuß den Waldweg zu seinem elterlichen Haus, in dem er die Einliegerwohnung bewohnt. Durch das starke Schneetreiben musste er sich wohl verirrt haben und ist in der sehr kalten Nacht erfroren. Erst am Morgen vermissten die Eltern ihren Sohn und leiteten eine Suchaktion ein. Man fand ihn in einer Schneewehe. Der herbeigerufene Notarzt konnte nur noch den Tod feststellen.

2 Badeunfall auf Mallorca

Die junge Verlobte des Bankkaufmannes Rüdiger W. kam bei einem Badeunfall auf Mallorca ums Leben. Sie klagte des Öfteren über heftige Kopfschmerzen und führte sie auf die große Hitze zurück. Sie schwamm hinaus und kam nicht wieder zurück. Die sofort alarmierten Retter konnten Renate L. aus Köln nur noch leblos bergen. Ein sofort durchgeführter Wiederbelebungsversuch blieb leider erfolglos. Die Frau war nach einem Gehirnschlag ertrunken. Die Leiche wurde per Flugzeug nach Deutschland überführt.

3 Mit Feuerzeug in den Tank geleuchtet

Der junge Markus A., Mitarbeiter einer BP-Tankstelle im hessischen Lich, hat gestern eine schwere Explosion ausgelöst, als er einen unterirdischen Benzintank mit einem Feuerzeug ausleuchtete, um den Benzinpegel zu kontrollieren. Markus wurde mit Verbrennungen an Gesicht und Händen per Hubschrauber in eine Spezialklinik gebracht.

1.2.1 Unfallbegriff

Ziffer 1.3 AUB 2008

Die AUB beschreiben den Versicherungsfall, das heißt, das Geschehen durch dessen Ablauf die Leistungspflicht des Versicherers ausgelöst wird. Sie enthalten die sachlichen Merkmale des Versicherungsanspruchs. Alle Voraussetzungen müssen von demjenigen, der eine Entschädigung aus dem Vertrag verlangt, bewiesen werden. Der Versicherungsschutz umfasst Unfälle in der gesamten Welt.

Nicht alles, was in der Umgangssprache als Unfall bezeichnet wird, ist ein Unfall im Sinne der privaten Unfallversicherung. Eine genaue Definition des für die Unfallversicherung geltenden Unfallbegriffes enthalten die AUB. Danach liegt ein Unfall vor, wenn der/die Versicherte

„durch ein plötzlich von außen auf seinen/ihren Körper wirkendes Ereignis (Unfallereignis) unfreiwillig eine Gesundheitsschädigung erleidet".

Es gilt die vereinfachte Gleichung:

Ereignis + Gesundheitsschädigung = Unfall

Unser **Unfallbegriff** enthält demnach **5 Merkmale:**

- Das Ereignis
- Die Plötzlichkeit
- Die Einwirkung von außen auf den Körper
- Die Unfreiwilligkeit
- Die Gesundheitsschädigung

Bei diesen Merkmalen ist es wichtig zu wissen, welche Eigenschaften dem Ereignis und welche der Gesundheitsschädigung zuzuordnen sind:

Die **Plötzlichkeit** und die **Wirkung von außen** auf den Körper beziehen sich auf das

↓

Ereignis

Die Unfreiwilligkeit bezieht sich ausschließlich auf die

↓

Gesundheitsschädigung

Unfallbegriff in der Praxis

1. Herr Werker fährt mit seinem Rad und wird von einem durch Wind herabstürzenden Dachziegel am Kopf verletzt.

2. Frau Fröhlich macht zu Fuß einen Stadtbummel und knickt wegen einer ungeschickten Bewegung an einem Bordstein mit ihrem Fuß um und bricht sich das Fußgelenk.

Plötzlich

Außen

Unfreiwillig

Körper

Ereignis und Gesundheitsschädigung

3. Herr Schmitz stürzt während einer Bergwanderung in eine Gletscherspalte, ohne sich zu verletzen. Er kann sich nicht befreien und erfriert.

4. Herr Berger benutzt eine Motorkettensäge, um Kaminholz zu sägen. Aus Unkenntnis begeht er einen groben Bedienungsfehler, die Sägekette springt ab und der Mann erleidet schwere Gesichtsverletzungen.

5. Beim Spielen auf einem Klettergerüst fällt Bernd Berger herunter, die Brille geht kaputt. Kein Versicherungsschutz.

Ziffer 1.3 AUB 2008

Zu prüfen ist, ob folgende fünf Merkmale erfüllt sind:

Plötzlichkeit

Plötzlich bedeutet, dass das Unfallereignis innerhalb eines verhältnismäßig kurzen Zeitraums eintreten muss (bezieht sich nicht auf die Folge in Form der Gesundheitsschädigung). Ist jemand längere Zeit schädlichen Umwelteinflüssen ausgesetzt, stellt dies keinen Unfall dar. Dies gilt auch für Schäden durch Dauerbelastung, z. B. beim Sport. Der Begriff der Plötzlichkeit enthält auch Momente des Unerwarteten, Unvorhergesehenen und Unentrinnbaren, d. h., in bestimmten Fällen kann ein längerdauerndes Ereignis als plötzlich angesehen werden. Dies ist der Fall, wenn durch Einatmen giftiger Gase aus einem defekten Ofen der Tod eintritt und der Versicherte sich der Einwirkung aufgrund Geruchlosigkeit des Gases oder Ohnmacht nicht zu entziehen vermochte.

▶ **Beispiel**

Ein Radfahrer wird von einem durch Wind herabstürzenden Dachziegel am Kopf verletzt.

Lösung

Das Schadenereignis trat plötzlich ein – Versicherungsschutz ist gegeben.

▶ **Beispiel**

Ein Skifahrer fährt gegen einen Baum, bleibt liegen und erfriert in der Nacht.

Lösung

Der Aufprall gegen den Baum erfüllt das Merkmal „plötzlich".

Einwirkung von außen auf den Körper

Hierbei kann es sich um mechanische, chemische, thermische und elektrische Einwirkungen handeln. Nicht dazu zählt ein innerer organischer Vorgang, wie z. B. Schlaganfall oder Herzschlag. Auch Eigenbewegungen erfüllen dieses Merkmal – eine unbeabsichtigte Verletzung beim Kartoffelschälen beispielsweise.

▶ **Beispiel**

Ein Heimwerker repariert ein Kabel, ohne die Stromzufuhr zu unterbrechen. Er wird durch einen Stromschlag schwer verletzt.

Lösung

Elektrische Einwirkung von außen ist gegeben.

▶ **Beispiel**

Ein Fußgänger knickt wegen einer ungeschickten Bewegung an einem Bordstein mit seinem Fuß um und bricht sich das Fußgelenk.

Lösung

Es besteht Versicherungsschutz.

▶ **Beispiel**

Ein Marathonläufer erleidet einen Schlaganfall und verstirbt.

Lösung

Kein von außen auf den Körper wirkendes Ereignis.

Ereignis

Das Unfallereignis muss auf den Körper des Versicherten wirken. Die Wirkungsmöglichkeiten können verschiedener Art sein. Unter sie fallen:

- mechanische
- chemische
- thermische
- elektrische

Allgemein werden als „Unfallereignisse" im Sinne der Bedingungen auch solche Vorgänge angesehen, durch die der Versicherte in seiner Bewegungsfreiheit so beeinträchtigt wird, dass er sich gesundheitsschädigenden Einflüssen wie z. B. Hitze, Kälte, Hunger, Durst nicht entziehen kann.

Das Unfallereignis kann menschliches Handeln (Schlag, Stoß, Fall) oder auch Naturereignis (Feuer, Glatteis) sein.

▶ Beispiel

Ein Elektriker erhält bei der Installation einer Steckdose einen Stromschlag und erleidet dadurch erhebliche Verbrennungen.

Lösung

Es besteht Versicherungsschutz.

▶ Beispiel

Ein Bergwanderer stürzt in eine Gletscherspalte, ohne sich zu verletzen. Er kann sich nicht befreien und erfriert.

Lösung

Es besteht Versicherungsschutz.

Unfreiwillig

Ein Versicherungsfall, d. h. ein Unfall liegt erst vor, wenn das Unfallereignis dazu führt, dass der Versicherte unfreiwillig eine Gesundheitsschädigung erleidet. „Unfreiwillig" bedeutet, dass die Herbeiführung des Schadenfalls nicht vorsätzlich geschieht. damit ist auch der bedingte Vorsatz gemeint, nicht jedoch die grobe Fahrlässigkeit.

Klassische Fälle der freiwilligen (d. h. vorsätzlichen) Herbeiführung eines Unfalls sind

- Selbstverstümmelung
- Selbsttötung

§ 178 (2) VVG

Nach dem VVG wird die Unfreiwilligkeit der Gesundheitsschädigung bis zum Beweis des Gegenteils vermutet, sodass eine Selbstverstümmelung oder ein Selbstmord vom Versicherer bewiesen werden muss.

Dieser Beweis ist häufig nur sehr schwer zu erbringen. So ist die Freiwilligkeit einer Gesundheitsschädigung erst dann bewiesen, wenn bei der Gesamtwürdigung aller vorhandenen Erkenntnismöglichkeiten keine Zweifel an einer Selbstverstümmelung oder einer Selbsttötung bestehen.

Abweichend von Ziffer 1.3 AUB 2008 gelten Gesundheitsschädigungen, die die versicherte Person bei rechtmäßiger Verteidigung oder der Rettung von Menschenleben erleidet, als unfreiwillig erlitten. Sie sind in die Unfallversicherung eingeschlossen. (Leistungserweiterung Proximus)

▶ Beispiel

Ein Mann benutzt eine Motorkettensäge, um Kaminholz zu sägen. Aus Unkenntnis begeht er einen groben Bedienungsfehler, die Sägekette springt ab und der Mann erleidet schwere Gesichtsverletzungen.

Lösung

Es besteht Versicherungsschutz.

▶ Beispiel

Ein Feinmechaniker benutzt beim Bedienen einer Maschine keine Schutzbrille – er verletzt sich am Auge.

Lösung

Die Schädigung war nicht gewollt und ist damit unfreiwillig.

Gesundheitsschädigung

Ein Unfall liegt immer erst dann vor, wenn als unmittelbare Folge eines Unfallereignisses eine Gesundheitsschädigung eingetreten ist. Unfallereignisse, bei denen ein Personenschaden überhaupt nicht entsteht, sind keine Unfälle. Sachschäden wie zum Beispiel die Beschädigung künstlicher Glieder, Zahnprothesen oder Brillen werden deshalb nicht ersetzt. Es liegt keine Gesundheitsschädigung vor. Unerheblich ist dagegen, welche Art von Gesundheitsschädigung eintritt. Der Begriff „Gesundheitsschädigung" erfordert auch keine unmittelbare körperliche Verletzung. Es genügt, dass das Unfallereignis eine Gesundheitsschädigung durch sinnliche Wahrnehmung oder seelische Einwirkung (Schock) herbeiführt. **Aber:** Der Versicherte muss den Unfall erleiden; auf seinen Körper muss das Unfallereignis einwirken. Keine Gesundheitsschädigung liegt daher vor, wenn der Versicherte einen Schock dadurch erleidet, dass er Augenzeuge eines Unfalls einer anderen Person gewesen ist.

▶ **Beispiel**

Beim Spielen auf einem Klettergerüst fällt ein Kind herunter. Die Brille des Kindes geht kaputt.

Lösung

Kein Versicherungsschutz, eine Gesundheitsschädigung liegt nicht vor.

Wichtig:

Zwischen dem Unfallereignis, der Gesundheitsschädigung und dem für den Leistungsanspruch relevanten Gesundheitsschaden muss ein ursächlicher Zusammenhang bestehen (Beweisführung hat der VN), d. h.

	Unfallereignis
+	**Gesundheitsschädigung**
=	**Versicherungsfall**
+	**Gesundheitsschaden als Unfallfolge (Invalidität, Tod, Beeinträchtigung der Arbeitsfähigkeit)**
=	**Leistungspflicht des Versicherers**

Bei dem Trümmerbruch des Herrn Förster handelt es sich um einen Unfall im Sinne der Versicherungsbedingungen, da alle fünf Merkmale erfüllt sind.

Erweiterung des Unfallbegriffs

Als Unfall gilt auch, wenn durch eine

Ziffer 1.4 AUB 2008

- erhöhte Kraftanstrengung
- die Wirbelsäule oder ein Gelenk an Gliedmaßen verrenkt wird, oder
- Muskeln, Sehnen, Bänder oder Kapseln gezerrt oder zerissen werden.

Der Unfallbegriff wird hierdurch auf Gesundheitsschäden erweitert, die nicht durch ein plötzlich von außen kommendes Ereignis, sondern durch eine erhöhte Kraftanstrengung verursacht werden. Bei einer erhöhten Kraftanstrengung muss es sich um eine freiwillige Eigenbewegung des Versicherten handeln, die eine besondere Anstrengung hervorruft. Diese besondere Anstrengung muss zu den Unfallfolgen führen. Durch das Wort „erhöhte" wird eine Grenze zu den normalen Bewegungsabläufen des täglichen Lebens gezogen.

Die Aufzählung der möglichen Unfallfolgen ist abschließend, d. h., dass Zerrungen und Zerreißungen an

- Meniskus und Bandscheiben

nicht unter den erweiterten Versicherungsschutz fallen. Bei ihnen handelt es sich anatomisch nicht um Muskeln, Sehnen, Bänder oder Kapseln, sondern um Knorpel.

Definitionen:

Verrenkungen
sind bleibende Verschiebungen zweier durch Gelenk verbundener Knochenenden, meist verknüpft mit einer Kapselbandzerreißung.

Zerrungen
sind gewaltsame Überdehnungen von Muskeln und Bändern mit Blutergüssen.

Zerreißungen
sind gewaltsame Trennungen von Muskeln, Sehnen und Geweben, die mit Durchtrennung von Blutgefäßen und Nerven verbunden sein können.

▶ Beispiel

Herr Schneider möchte für Renovierungsarbeiten einen schweren Stahlschrank beiseite rücken und erleidet durch die enorme Kraftanstrengung einen Bandscheibenvorfall.

Lösung

Bandscheiben- und Meniskusschäden, die auf Verschleiß beruhen, aber unter Berufung auf eine vorangegangene Kraftanstrengung geltend gemacht werden, fallen nicht darunter, da diese anatomisch gesehen weder Sehne, Band, Muskel oder Kapsel sind. Erfasst sind durch diese Erweiterung die typischen „Sportverletzungen".

▶ Beispiel

Frau Kleinert spielt Tennis – sie versucht einen eigentlich unerreichbaren Ball zu retournieren. Dabei reißt die Achillessehne durch ihre Eigenbewegung.

Herr Bode trägt zusammen mit seinem Freund ein Klavier ins Haus. Durch das erhebliche Gewicht zieht er sich eine Muskelverletzung im linken Unterarm zu.

Lösung

In beiden Fällen besteht Versicherungsschutz.

Aufgrund der Ausführungen können Sie die Lösungen zu den drei Pressemitteilungen Ihrer Kollegin sagen.

1. Situation
Kein Unfall, weil Unfallereignis nicht plötzlich geschah.

2. Situation
Kein Unfall, da kein von außen auf den Körper wirkendes Ereignis.

3. Situation
Unfall, weil die Schädigung nicht gewollt war. (Vorsatz müsste der Versicherer beweisen)

▶ Praxishinweise

Die PUV gewährt Versicherungsschutz **weltweit** (d. h. auch auf dem Mond) und dies 24 Stunden täglich, wenn der Unfallbegriff erfüllt ist, bei:

- Beruf
- Nebenjob
- Freizeit
- Sport
- Urlaub
- Wege von und zur Arbeit
- Tätigkeiten im Haushalt
- Tätigkeiten an Wohnung und Haus
- Ruhezeiten
- Beförderungen auf der Straße, in der Luft und auf dem Wasser
- Kindergarten
- Schule
- Hochschule
- Wege von und zu den Ausbildungsstätten

Sie leistet kumulativ, d. h. sie zahlt die Leistung zusätzlich neben anderen Leistungsträgern, wie z. B. GKV, Haftpflichtanspruch, sonstiger Unfallversicherung – **außer** bei Bergungskosten, kosmetischen Operationen und Kurkostenbeihilfe.

1.3 Ausschlüsse

▶ Situation

In einer Pressemitteilung lesen Sie, dass die Unfallversicherung trotz Unfallgeschehens in manchen Fällen nicht zahlt. Es wurden genannt:

- bei Alkoholeinfluss
- beim Flug
- bei Straftaten
- bei Rennen
- inneren Schädigungen

Überprüfen Sie den Wahrheitsgehalt dieser Information.

Erhöhte Risiken einzelner Personen dürfen nicht zu Lasten der Versichertengemeinschaft erfolgen. Aus diesem Grunde sind einige Risiken von der Unfallversicherung ausgeschlossen.

Der Versicherer ist beweispflichtig, wenn er einen Anspruch aus einem Unfall, der unter die Ausschlüsse fällt, ablehnt.

Er muss nachweisen,

- dass einer der Ausschlüsse vorgelegen hat
  und
- dass dieser ursächlich für das Unfallereignis war.

Die Ausschlüsse lassen sich wie folgt einteilen:

- **Gefahrumstandsklauseln**
- **Gesundheitsschädigungen**
- **Teilausschlüsse**
- **Psychische Reaktionen**

1.3.1 Gefahrumstandsklauseln

Es sind Sachverhalte, bei denen zwar nach der üblichen Terminologie ein Unfall zu bejahen ist, gleichwohl dieser Unfall aber ausgeschlossen ist.

Geistes-/Bewusstseinsstörung – auch wegen Alkoholeinwirkung/ Drogen

Ziffer 5.1.1 AUB 2008

Unfälle durch Geistes- oder Bewusstseinsstörungen, auch soweit diese auf Trunkenheit beruhen, sowie durch Schlaganfälle, epileptische Anfälle oder andere Krampfanfälle, die den ganzen Körper des Versicherten ergreifen. Versicherungsschutz besteht jedoch, wenn diese Störungen oder Anfälle durch ein unter diesen Vertrag fallendes Unfallereignis verursacht waren.

„Durch" bedeutet, dass die durch Geistes- und Bewusstseinsstörungen bedingte Gefahrerhöhung sich auf den Unfall auswirken (ursächlich sein) muss.

Häufig sind Bewusstseinsstörungen durch Alkoholeinfluss im Straßenverkehr. Bei absoluter Fahr- bzw. Verkehrsuntüchtigkeit liegt stets eine Bewusstseinsstörung vor. Je nach Art der Teilnahme am Straßenverkehr liegt die Grenze

- im Straßenverkehr bei 0,8 ‰
- im übrigen Leben 1,3 ‰

Ist der Grenzwert nicht erreicht, eine erhebliche Alkoholbeeinflussung aber gewiss (relative Fahruntüchtigkeit), liegt eine Bewusstseinsstörung nur vor, wenn alkoholtypische Fehler gemacht werden.

▶ Beispiel a

Ziffer 5.1.1 AUB 2008

Ein Radfahrer mit einer Blutalkoholkonzentration (BAK) von 1,8 ‰ stürzt mit dem Fahrrad und verletzt sich dabei.

▶ Beispiel b

Ein Kfz-Fahrer überfährt mit 0,7 ‰ BAK eine rote Ampel und stößt ohne erkennbaren Grund mit einem auf der Gegenfahrbahn vor der Ampel wartenden Pkw zusammen.

Lösungen zu a + b

Kein Versicherungsschutz, da relative Fahruntüchtigkeit und ein alkohltypischer Fehler vorliegen.

Ziffer 5.1.2 AUB 2008

Versuch oder Ausführung einer Straftat

Ausgeschlossen sind Unfälle, die dem Versicherten dadurch zustoßen, dass er vorsätzlich eine Straftat ausführt oder versucht. Gemeint ist eine Straftat im strafrechtlichen Sinne, d. h. ein vorsätzliches Verbrechen oder Vergehen.

▶ Beispiel

Ein Einbrecher versucht in das offen stehende Fenster im 3. Stock einzusteigen und fällt herunter.

Lösung

Nicht versichert, da bei Ausübung einer Straftat.

▶ **Beispiel**

Der Versicherte fährt, ohne Inhaber einer Fahrerlaubnis zu sein, mit einem Kfz. Durch die Vorfahrtverletzung eines anderen Pkw-Fahrers wird er verletzt. Die Straftat (Fahren ohne Fahrerlaubnis) ist für den Unfall nicht ursächlich.

Lösung

Daher besteht Versicherungsschutz.

Kriegs- oder Bürgerkriegsereignisse

Ziffer 5.1.3 AUB 2008

Ausgeschlossen sind Krieg, Bürgerkrieg oder innere Unruhen, wenn der Versicherte auf Seiten der Unruhestifter teilgenommen hat. Die versicherte Person hat für sieben Tage im Ausland Versicherungsschutz, wenn sie **überraschend** von Kriegs- oder Bürgerkriegsereignissen betroffen wird.

▶ **Beispiel**

Der Versicherungsnehmer macht Urlaub in Afrika. Zwei Tage vor Ende des Urlaubes bricht überraschend ein Bürgerkrieg aus. Die Lage für Touristen wird sehr gefährlich.

Lösung

Das so genannte passive Kriegsrisiko (bei einer Reise im Ausland wird man von Krieg/Bürgerkrieg überrascht) ist in begrenztem Umfang mitversichert.

Ziffer 10.4 AUB 2008

Der Versicherungsschutz ruht bei militärischen Einsätzen. Er tritt für die versicherte Person außer Kraft, sobald sie Dienst in einer militärischen oder ähnlichen Formation leistet, die an einem Krieg oder kriegsmäßigen Einsatz zwischen den Ländern China, Deutschland, Frankreich, Großbritannien, Japan, Russland oder USA beteiligt ist. Er lebt wieder auf, sobald die Anzeige über die Beendigung des Dienstes dem Versicherer zugegangen ist.

Luftfahrtrisiko

Ziffer 5.1.4 AUB 2008

Ausgeschlossen ist die Benutzung von Luftfahrzeugen, als Fahrzeugführer (auch Sportgeräte) oder Besatzungsmitglied (Berufstätigkeit) – inzwischen bieten einzelne Versicherer auch den Einschluss in eine private Unfallversicherungen.

Luftfahrunfälle sind grundsätzlich mitversichert, solange nicht einer der Ausschlusstatbestände vorliegt. Als Fluggast gilt, wer weder Pilot noch Besatzungsmitglied ist.

▶ **Beispiel**

Der Pilot eines Sportflugzeuges mit Motor wird beim Absturz des Flugzeugs schwer verletzt.

Lösung

Nicht versichert, nur versicherbar über Luftfahrt-Unfallversicherung.

▶ **Beispiel**

Ein Fahrgast in einem Freiballon stürzt bei einer Notlandung aus dem Ballon und verletzt sich.

Lösung

Es besteht Versicherungsschutz.

▶ **Beispiel**

Ein Polizeibeamter, der im Hubschrauber zur Verkehrslenkung eingesetzt wird, verletzt sich beim Absturz des Hubschraubers.

Lösung

Kein Versicherungsschutz.

Ziffer 5.1.5 AUB 2008

Rennen mit Motorfahrzeugen

Nicht nur der Fahrer, sondern auch Beifahrer und sonstige Insassen des Motorfahrzeuges haben keinen Versicherungsschutz, wenn sie sich an derartigen Rennveranstaltungen beteiligen. Damit ist aber auch klargestellt, dass Zuschauer, Streckenposten usw. nicht unter die Ausschlussbestimmungen fallen.

▶ **Beispiel**

Bei einem Motorbootrennen auf der Mosel wird ein Insasse des Bootes ins Wasser geschleudert und dabei schwer verletzt.

Lösung

Nicht versichert, da Rennveranstaltung.

Kernenergie

Ziffer 5.1.6 AUB 2008

Dieser Ausschluss umfasst sämtliche Unfälle, die durch Kernenergie verursacht werden. Es sind also neben Strahlenschäden z. B. auch Unfälle durch Explosionen oder durch Druckveränderungen, Unfälle durch Panik usw. vom Versicherungsschutz ausgeschlossen.

▶ Beispiel

Bei einem Störfall, verursacht durch eine Explosion in einem Reaktor, wird ein Mitarbeiter gefährlichen Strahlen ausgesetzt.

Lösung

Nicht versichert, da durch Kernenergie verursacht.

1.3.2 Gesundheitsschädigungen

Strahlen

Ziffer 5.2.2 AUB 2008

Gesundheitsschädigungen durch Strahlen. Ausgeschlossen sind Gesundheitsschädigungen durch ionisierende Strahlen jeglicher Art, also z. B. Gamma- und Röntgenstrahlen, Alpha- und Betastrahlen, Neutronenstrahlen sowie Laser- und Maserstrahlen.

Bei Gesundheitsschäden durch Strahlen bei strahlendiagnostischen und therapeutischen Heilmaßnahmen besteht jedoch dann Versicherungsschutz, wenn diese Maßnahmen wegen eines unter den Vertrag fallenden Unfalls veranlasst waren. Personen, die in strahlengefährdeten Berufen tätig sind, können einen besonderen Versicherungsschutz erhalten, und zwar

- durch Vereinbarung der Röntgenklausel
- durch einen speziellen Strahlen-Unfallversicherungsschutz in strahlengefährdeten Berufen (z. B. Mitarbeiter in Kernkraftwerken).

▶ Beispiel

Eine Arzthelferin erleidet durch den plötzlichen Defekt eines Röntgengerätes, der zum Austritt einer erhöhten Strahlenmenge führt, schwere Gesundheitsschädigungen.

Lösung

Kein Versicherungsschutz nach AUB – aber nach Leistungserweiterung Proximus versichert.

Heilmaßnahmen

Ziffer 5.2.3 AUB 2008

Heilmaßnahmen und Eingriffe, soweit sie nicht unfallbedingt sind (bei Berufstätigkeiten, bei denen die Gefahr der Entstehung von Infektionen, z. B. Ärzte, Pflegepersonal, besonders ausgeprägt ist, besteht die Möglichkeit der Mitversicherung, wenn der Krankheitserreger durch eine Beschädigung der Haut oder durch Einspritzen in den Körper gelangt ist.

▶ **Beispiel**

Eine fehlerhafte ärztliche Rheumabehandlung führt bei einem Patienten zur teilweisen Gebrauchsunfähigkeit des linken Arms.

Lösung

Kein Versicherungsschutz, weil keine unfallbedingte Behandlung vorliegt.

Ziffer 5.2.4 AUB 2008

Infektionen

Versicherungsschutz besteht jedoch, wenn die Krankheitserreger durch eine unter diesen Vertrag fallende Unfallverletzung in den Körper gelangt sind.

Nicht als Unfallverletzung gelten dabei Haut- und Schleimhautverletzungen, die als solche geringfügig sind und durch die Krankheitserreger sofort oder später in den Körper gelangen; für Tollwut und Wundstarrkrampf entfällt diese Einschränkung.

Impfschäden bei Impfungen gegen Tollwut, Wundstarrkrampf und Frühsommer-Meningo-Enzephalitis sind eingeschlossen. (Leistungserweiterungen AUB 2008 Proximus Versicherung)

Infektionen haben Krankheitscharakter. Sie gehören deshalb nicht in den Deckungsbereich der Unfallversicherung.

Unter Infektionen versteht man das Eindringen eines Krankheitserregers in den Körper, der bestimmte örtliche oder allgemeine Gesundheitsstörungen hervorruft.

Nur dort, wo ein unter den Vertrag fallender Unfall als erster Schritt in der Kausalkette vorausgegangen ist und Krankheitserreger durch die dadurch verursachte Unfallverletzung in den Körper gelangt sind, ist der Unfallversicherer zur Leistung verpflichtet. Die Voraussetzungen hat der Anspruchsteller zu beweisen.

Geringfügige Haut- und Schleimhautverletzungen sind keine vorausgegangenen Unfälle in diesem Sinne.

Geringfügig ist eine Haut- oder Schleimhautverletzung dann, wenn sie ohne Berücksichtigung der durch die Infektionen hervorgerufenen Folgen für sich betrachtet keinen Krankheitswert hat, also keine ärztliche Behandlung erfordert (z. B. Insektenstich).

Auch die Immunschwäche AIDS mit ihren Folgen ist nicht versichert, wenn die Übertragung auf dem Wege über geringfügige, kleinflächige Haut- oder Schleimhautverletzungen erfolgt.

▶ **Beispiel**

Durch den Genuss nicht keimfreien Trinkwassers erleidet ein Urlauber eine Magen- und Darminfektion.

Lösung

Kein Versicherungsschutz, da Erreger nicht durch einen Unfall in den Körper gelangten.

▶ **Beispiel**

Ein Spaziergänger wird von einem Hund gebissen. Durch die Bisswunde gelangen Tollwuterreger in den Körper des Verletzten, und er erkrankt daran.

Lösung

Daher besteht Versicherungsschutz.

▶ **Beispiel**

Ein Urlauber erkrankt durch den Stich einer Anophelesmücke an Malaria.

Lösung

Kein Versicherungsschutz, da der Insektenstich als solcher nur eine geringfügige Hautverletzung ist.

Durch Leistungserweiterungen sind FSME-Infektionen durch Zeckenbisse bei der Proximus Versicherung eingeschlossen.

Vergiftungen

Vergiftungen sind Vorgänge, bei denen flüssige oder feste Stoffe in den Körper des Menschen durch Einnehmen gelangen und nach Aufnahme in die Blutbahn ihre giftige Wirkung entfalten.

Ziffer 5.2.5 AUB 2008

Voraussetzung für diesen Ausschluss ist die Einnahme fester oder flüssiger Stoffe durch den Schlund, also den Eingang der Speiseröhre. Wird z. B. ein Giftstoff eingespritzt, fehlt es an der Ausschlussvoraussetzung „Einnahme durch den Schlund". Auch das Einatmen gasförmiger Stoffe durch den Schlund ist nicht ausgeschlossen. Einnahme bedeutet, dass der Giftstoff durch eine Handlung des Versicherten selbst in den Körper gelangt. Ob freiwillig oder unfreiwillig, wissentlich oder unwissentlich, spielt dabei keine Rolle.

Werden also dem Versicherten von fremder Hand für ihn unfreiwillig, mit oder ohne sein Wissen Giftstoffe eingeführt oder eingeflößt, kommt dieser Ausschluss nicht zur Anwendung.

Ziffer 5.2.5 AUB 2008

In der Kinder-Unfallversicherung gilt für Kinder, die bis zum Unfallzeitpunkt das 10. Lebensjahr noch nicht vollendet haben, eine Sonderregelung. Nehmen diese Kinder versehentlich schädliche Stoffe ein (ausgenommen Nahrungsmittel), so fallen dadurch verursachte Vergiftungen unter den Versicherungsschutz. Damit wird dem Umstand Rechnung getragen, dass Kleinkinder in ihrem „Forschungsdrang" häufig alles, was sie erreichen können, in den Mund stecken und probieren wollen, ihnen aber andererseits meist die Fähigkeit fehlt, die Gefährlichkeit ihrer Handlung zu erkennen.

▶ Beispiel

Der versicherte Rentner isst selbst gesammelte Pilze. Darunter sind Giftpilze. Er erleidet eine Vergiftung.

Lösung

Kein Versicherungsschutz, da Aufnahme durch den Schlund.

▶ Beispiel

Ein fünfjähriges Kind isst in der freien Natur gefundene giftige Beeren. Es erleidet eine schwere Vergiftung.

Lösung

Es besteht Versicherungsschutz, weil Vergiftungen bis zur Vollendung des 10. Lebensjahres eingeschlossen sind.

Ziffer 5.2.7 AUB 2008

1.3.3 Teilausschlüsse

Bauch- oder Unterleibsbrüche

Ausgeschlossen sind Bauch- und Unterleibsbrüche, soweit sie nicht durch eine gewaltsame, von außen kommende Einwirkung entstanden sind.

▶ Beispiel

Bei Übungen an einem Fitnessgerät zieht sich der Versicherte durch Überanstrengung einen Leistenbruch zu.

Lösung

Kein Versicherungsschutz, da nicht gewaltsam von außen.

Schädigungen an Bandscheiben, Blutungen aus inneren Organen und Gehirnblutungen

Ziffer 5.2.1 AUB 2008

Bandscheibenschädigungen entstehen nach gesicherter medizinischer Erkenntnis überwiegend aus Abnutzung oder anlagebedingter Gewebeschwäche. Damit sind sie grundsätzlich als Krankheit zu qualifizieren und dem Bereich der Krankenversicherung zuzurechnen.

▶ Beispiel

Beim Ausladen eines schweren Gepäckstückes aus dem Kofferraum seines Pkw erleidet der Versicherte einen Bandscheibenvorfall.

Lösung

Kein Versicherungsschutz.

1.3.4 Psychische Reaktionen

Krankhafte Störungen infolge psychischer Reaktionen

Ziffer 5.2.6 AUB 2008

▶ Beispiel

Eine Fußgängerin wird im Stadtwald Zeugin eines brutalen Überfalls und erleidet dadurch einen Schock mit dauerhaften nervösen Störungen.

Lösung

Kein Versicherungsschutz, da alle psychischen Reaktionen ausgeschlossen sind.

▶ Praxishinweise

Verschiedene Risikoausschlüsse können – meist mit einem Prämienzuschlag – aufgrund besonderer Vereinbarung bzw. durch einen sog. Exklusivschutz aufgehoben werden, z. B. durch die Alkoholklausel, durch die Infektionsklausel, durch die Vergiftungsklausel (siehe Seite 61/62).

So bieten einige Versicherungsgesellschaften die Mitversicherung von Unfällen durch Bewusstseinsstörungen an, die durch Trunkenheit entstanden sind – beim Lenken von Kraftfahrzeugen jedoch nur bis zu einem Wert von unter 1,3 ‰.

Das gilt auch für das so genannte „passive" Kriegsrisiko, z. B. wenn man bei einer Reise im Ausland von Krieg oder Bürgerkrieg überrascht wird.

Auch können Risiko-Sportarten (Tauchen, Drachenfliegen) gegen Beitragszuschläge (nicht bei Proximus) versichert werden.

Übungen

Entscheiden Sie, ob die Merkmale des Unfallbegriffs erfüllt sind und ob ein Ausschlusstatbestand zutrifft:

1. Eine Auszubildende balanciert übermütig auf einer 2 Meter hohen Mauer und stürzt herunter – dabei erleidet sie mehrere Knochenbrüche.
2. Durch eine Verwechslung trinkt Herr Meier versehentlich eine Reinigungsflüssigkeit und erleidet dabei eine Verätzung.
3. Ein Zuschauer eines Eishockeyspiels wird vom Puck getroffen und ohnmächtig – beim Hinstürzen bricht er sich das Handgelenk.
4. Die kleine Maria, 9 Jahre alt, trinkt eine giftige Flüssigkeit, die in eine Colaflasche abgefüllt war.
5. Bei Reinigungsarbeiten versucht eine Hausfrau die Waschmaschine umzustellen – beim Anheben erleidet sie einen Leistenbruch.
6. Ein kaufmännischer Angestellter trinkt auf dem Nachhauseweg von der Firma in einer Gaststätte 4 Glas Kölsch (0,6 ‰). An einem Fußgängerüberweg mit Signalregelung wartet er auf „Grün". Durch einen ins Schleudern geratenen Pkw wird er verletzt.
7. Ein Automobilclub veranstaltet eine Geschicklichkeits-Rallye – die teilnehmende selbstständige Friseurin verwechselt Brems- und Gaspedal und fährt gegen eine Begrenzungsmauer, wobei sie mit dem Kopf gegen die Seitenscheibe prallt.
8. Als Teilnehmer an einem Protestmarsch gegen Atomversuche wird der Versicherte von einer umherfliegenden vollen Getränkedose getroffen und mit Gehirnerschütterung ins Krankenhaus eingeliefert.
9. Ihr Versicherungsnehmer ist leidenschaftlicher Fallschirmspringer – durch starke Windböen wird er beim Landesprung abgetrieben und bricht sich ein Bein.
10. Ein Urlauber lässt sich mit einem Segeldrachen von einem Motorboot in die Luft ziehen. Am Ende der Fahrt bremst das Motorboot zu abrupt, wodurch die Landung des „Fliegers" misslingt – der Urlauber verletzt sich erheblich.
11. Mit schweren Rauchvergiftungen wird eine Wandergruppe ins Krankenhaus eingeliefert – ein Waldbrand hatte sie überrascht.

12. Der 20-jährige Frank Schlüter aus Hannover reicht seinem Unfallversicherer folgende Schadenmeldung ein:

    „Als ich am 11. März d. J. die ortsansässige Diskothek ‚Moonlight' besuchte, erlitt ich einen Unfall, indem mich ein Strahl der Laseranlage der Diskothek direkt in mein linkes Auge traf. Die Ärzte der Augenklinik gehen von einer mindestens 60-prozentigen Gebrauchsminderung des linken Auges aus. Ich bitte Sie, die Entschädigung aufgrund des Unfallschadens an mich auszuzahlen."

13. Prüfen Sie, ob im Sinne der AUB ein Unfall bzw. ein Ausschluss vorliegt?

    a) Bei inneren Unruhen in Afrika wird ein deutscher Passant, der nicht an den Unruhen beteiligt ist, getötet.
    b) Infolge einer Schönheitsoperation tritt eine Erblindung ein.
    c) Durch festes Anziehen der Handbremse kam es zu einer Bänder- und Sehnenzerrung.
    d) Durch den übermäßigen Genuss von Alkohol tritt eine Geistes- und Bewusstseinsstörung beim Versicherten ein. Auf dem Heimweg bricht er sich beide Arme und erleidet starke Erfrierungen.
    e) Die Hausfrau hat Salzsäure in einer Bierflasche abgefüllt. Der durstige und ahnungslose Ehemann findet diese Bierflasche und trinkt hastig einen Schluck daraus. Er stirbt aufgrund der inneren Verätzungen.
    f) Der Versicherungsnehmer verstirbt an den Folgen einer Aidsinfektion.
    g) Beim Schneiden der Zehennägel rutscht der Versicherte aus und verletzt sich am Fuß.
    h) An der Bügeleisenschnur war die Isolierung abgegangen. Beim Bügeln kam die Hausfrau mit der blanken Stelle in Berührung und starb durch den Stromschlag.
    i) Ein Versicherungsnehmer trinkt ein „Fläschchen" Magenbitter. Aus unerklärlichen Gründen war darin jedoch ein Pflanzenschutzmittel abgefüllt. Der Versicherte stirbt an den Folgen der Vergiftung.
    j) Ein versichertes Kind von 9 Jahren trinkt ein Pflanzenschutzmittel und stirbt.
    k) Als Folgen einer Vergewaltigung macht die Versicherte folgende Ansprüche geltend:
       a) depressives Verhalten   b) gebrochene Hand
       c) ungewollte Schwangerschaft

Bitte beachten Sie:

Dem Versicherungsnehmer obliegt die Beweislast des Unfallherganges. Dem Versicherer obliegt die Beweislast bei Ausschlusstatbeständen.

1.4 Leistungsarten

▶ Situation

Familie Winter hat dem Abschluss einer privaten Unfallversicherung zugestimmt, um die vielfältigen Versorgungslücken der Familienmitglieder zu schließen. Der Berater muss die infrage kommenden Leistungsarten vorstellen und die sinnvolle Höhe mit der Familie absprechen. Dabei müssen Überschneidungen mit anderen Vorsorgemaßnahmen und alternative Lösungen mit/über andere Versicherungen besprochen werden.

Produktvielfalt

Die private Unfallversicherung verfügt über ein umfangreiches Bündel an Leistungsarten, die individuell vereinbart werden können. Art und Höhe der Versicherungsleistung kann der Versicherungsnehmer bei Abschluss des Vertrages im Rahmen der Tarifbestimmungen frei wählen, damit nach einem Unfall auch eine Leistung nach seinen Bedürfnissen erbracht wird.

Im Gegensatz zur GUV kann der Kunde einen auf seine Bedürfnisse zugeschnittenen „Maß-(Versicherungs)anzug" erhalten! Die gesetzliche Unfallversicherung bietet hingegen nur einen einheitlichen Versicherungsschutz, demnach den „Anzug von der Stange". Wie wir alle wissen, passt dieser leider nicht immer.

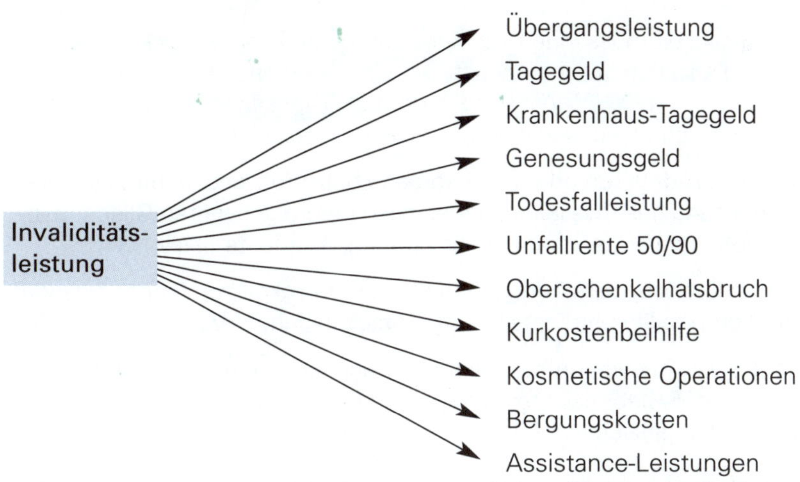

Das Kernstück der Unfallversicherung ist die Invaliditätsleistung – diese muss Bestandteil des Vertrages sein. Die übrigen Leistungsarten können zusätzlich versichert werden.

Neben den bedingungsgemäß versicherbaren Leistungen bieten sich Ergänzungen bzw. Variationen durch Vereinbarung von Besonderen Bedingungen oder Zusatzbedingungen an. Um den Bedürfnissen der Kunden gerecht zu werden, wird die Produktentwicklung zukünftig sicherlich weitere Varianten und Ergänzungen hervorbringen, wie die Senioren-Unfallversicherung. Sie funktioniert wie jede andere Unfallversicherung, bietet aber besondere Leistungen, wie Einkaufen, Putzen usw. Sie leistet bei jedem Oberschenkelhalsbruch und bei Unfällen durch Schlaganfall oder Herzinfarkt. Neben der erwähnten Möglichkeit, bedingungsgemäße Ausschlüsse mitzuversichern, wird z. B. auch die Mitversicherung von Schmerzensgeld geboten oder die Unfallversicherung wird ausdrücklich als „Rentenversicherung" gestaltet.

Invalidität

Ziffer 2.1 AUB 2008

Tritt innerhalb eines Jahres, vom Unfalltage an gerechnet, als Unfallfolge eine dauernde Beeinträchtigung der körperlichen oder geistigen Leistungsfähigkeit (Invalidität) ein, wird nach dem Grade der Invalidität immer eine Kapitalentschädigung geleistet.

Ziffer 2.1.1.1 AUB 2008

Eine Beeinträchtigung ist dauerhaft, wenn sie voraussichtlich länger als drei Jahre bestehen wird und eine Änderung des Zustandes nicht erwartet werden kann.

Damit ist für die Invalidität ein Begriff gewählt worden, der

- Beeinträchtigungen sämtlicher Funktionen des menschlichen Organismus umfasst und
- für alle Altersgruppen unabhängig von der ausgeübten Tätigkeit angewandt werden kann.

Die Invalidität muss innerhalb eines Jahres und vor Ablauf einer Frist von weiteren drei Monaten ärztlich festgestellt und geltend gemacht werden; also bis 15 Monate nach dem Unfallgeschehen. Die Höhe der Leistung richtet sich nach dem Grade der Invalidität.

Soweit Gliedmaßen oder Sinnesorgane betroffen sind, richtet sich die Bemessung des Invaliditätsgrades nach der so genannten Gliedertaxe. Sie sieht bei Verlust oder Funktionsunfähigkeit feste Sätze vor.

Bei Verlust oder vollständiger Funktionsunfähigkeit von Sinnesorganen und Körperteilen wird anteilmäßig Entschädigung gezahlt.

Liegt Invalidität vor, entsteht ein Anspruch auf Kapitalzahlung (ab Vollendung des 65. Lebensjahres erfolgt eine Rentenzahlung nach der Rententabelle), dessen Höhe sich

Regelung gilt bis AUB 2005

- nach dem Invaliditätsgrad
- nach der für den Invaliditätsfall versicherten Summe
- nach Geschlecht
  und
- nach dem Alter richtet.

Gliedertaxe

Bei Verlust oder Funktionsunfähigkeit

Ziffer 2.1.2.2.1
AUB 2008

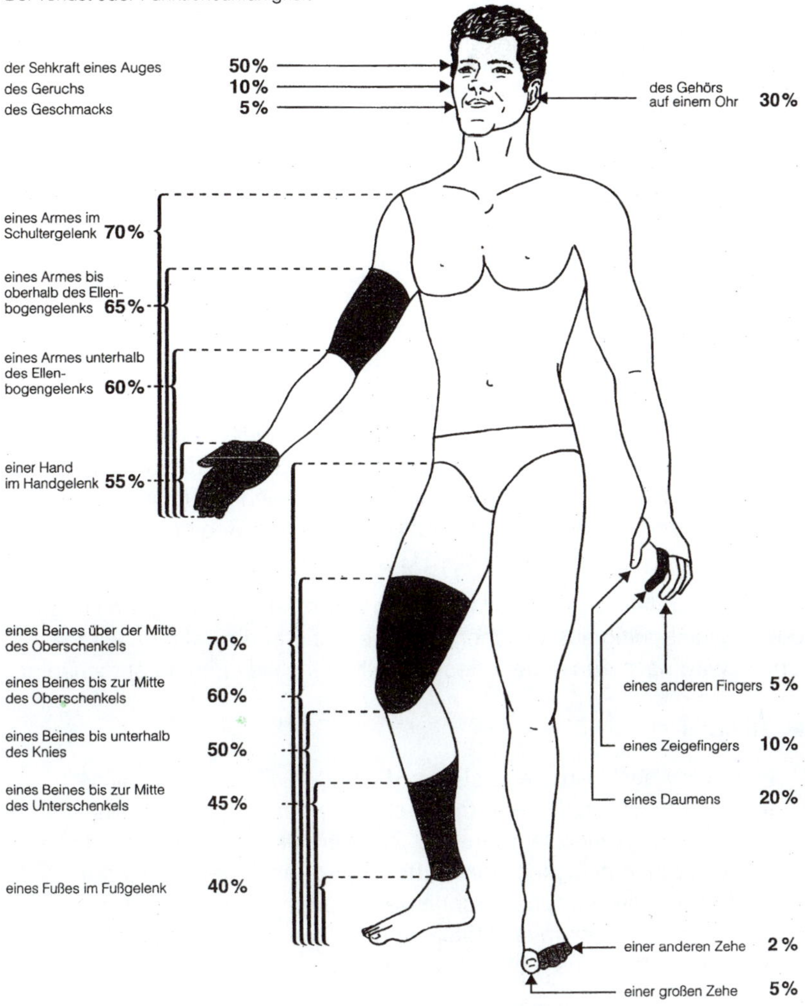

Auf dem Markt gibt es je nach Tarifvarianten oder Berufen auch verbesserte Staffeln zur Bemessung des Invaliditätsgrades

In Abänderung von Ziffer 2.1.2.2.1 der Allgemeinen Unfallversicherungs-Bedingungen (AUB 2008) gelten als feste Invaliditätsgrade – unter Ausschluss des Nachweises einer höheren oder geringeren Invalidität – bei Verlust oder Funktionsfähigkeit

Verbesserte Gliedertaxe	z. B. Heilberufe
a) eines Armes oder einer Hand im Handgelenk	100 %
eines Daumens oder Zeigefingers	60 %
eines anderen Fingers	20 %
b) eines Beines oder Fußes	70 %
einer großen Zehe	8 %
einer anderen Zehe	3 %
c) eines Auges	80 %
des Gehörs auf beiden Ohren	70 %

Ziffer 2.1.2.2 AUB 2008

In der Praxis kommen die Gliedertaxen bei ca. 80 % der Invaliditätsfälle zur Anwendung. Bei Verletzungsfolgen, die in der Gliedertaxe nicht enthalten sind, z. B. bei Kopfverletzungen, richtet sich der Invaliditätsgrad nach dem Umfang der körperlichen und geistigen Beeinträchtigungen. Grundlage ist immer ein ärztliches Gutachten.

Ziffer 2.1.2.3 AUB 2008

Bei einem unfallfremden Tod innerhalb eines Jahres nach dem Unfall oder – gleichgültig aus welcher Ursache – später als 1 Jahr nach dem Unfall, wird nach dem zuletzt festgestellten Invaliditätsgrad entschädigt.

▶ Beispiel 1

Ziffer 2.1.2.2.1 AUB 2008

Frau Sommer, Hausfrau, ist mit 150 000,00 € für den Invaliditätsfall versichert. Bei einem Unfall mit einer Brotschneidemaschine verliert sie Daumen und Zeigefinger der linken Hand. Die Gebrauchsfähigkeit von Mittel-, Ring- und kleinem Finger wird durch die erlittenen Schnittverletzungen jeweils zur Hälfte gemindert. Der Invaliditätsanspruch beträgt nach der Gliedertaxe – Proximus – ohne Progression

▪ für den Daumen 20 %	30 000,00 €
▪ für den Zeigefinger 10 %	15 000,00 €
▪ für den Mittelfinger ½ von 5 % = 2,5 %	3 750,00 €
▪ für den Ringfinger ½ von 5 % = 2,5 %	3 750,00 €
▪ für den kleinen Finger ½ von 5 % = 2,5 %	3 750,00 €
insgesamt also 37,5 % Invaliditätsgrad	56 250,00 €

▶ Beispiel 2

Der Tiefbauarbeiter Herr Rieder ist mit 80 000,00 € für den Invaliditätsfall versichert. Bei einem Arbeitsunfall werden seine beiden Beine und die rechte Hand eingequetscht. Als Dauerfolge davon bleibt das rechte Bein zu 7/10 in seiner Funktion beeinträchtigt. Am linken Fuß muss die große Zehe amputiert werden, und die Funktionstüchtigkeit der rechten Hand ist zu 1/5 auf Dauer in Mitleidenschaft gezogen. Der Invaliditätsanspruch beträgt hier nach der Gliedertaxe – Proximus – ohne Progression

▪ für das rechte Bein 7/10 von 70 % = 49 %	39 200,00 €
▪ für die linke große Zehe 5 %	4 000,00 €
▪ für die rechte Hand 1/5 von 55 % = 11 %	8 800,00 €
insgesamt also 65 % Invaliditätsgrad	52 000,00 €

▶ Beispiel 3

Ziffer 2.1.2.2.4 AUB 2008

Der 12-jährige Thomas ist mit einer Invaliditätssumme von 50 000,00 € ohne Progression versichert. Er wird beim Überqueren der Straße angefahren. Als Folge davon sind beide Beine vollständig gelähmt und damit dauernd zu 100 % in ihrer Funktion beeinträchtigt. Der Leistungsanspruch beträgt nach der Gliedertaxe

▪ für das rechte Bein	70 %
▪ für das linke Bein	70 %
	140 %

Da nach den AUB mehr als 100 % Invalidität nicht angenommen werden, beträgt die Leistung

max. Invaliditätsgrad	100 %	50 000,00 €

▶ Beispiel 4

Der Radfahrer Herr Hauser stürzt und erleidet schwere Kopfverletzungen mit Gehirnschäden. Der medizinische Sachverständige attestiert einen Invaliditätsschaden von 50 %. Bei einer Versicherungssumme von 200 000,00 € ohne Progression beträgt damit die Leistung = 100 000,00 €

Vorinvalidität

Wird durch den Unfall eine körperliche oder geistige Funktion betroffen, die schon vorher dauernd beeinträchtigt war, so wird diese Vorinvalidität wie folgt berücksichtigt:

Ziffer 2.1.2.2.3 AUB 2008

Unfallfolge Verlust des linken Armes	70 %	Invalidität (gesamt)
Vorschädigung des linken Armes	– 15 %	Vorinvalidität
Invaliditätsleistung	55 %	aufgrund des Unfalles

Bei allen Dauerfolgen eines Unfalles, die nicht in der Gliedertaxe genannt sind, muss der Invaliditätsgrad individuell nach einem allgemeinen Maßstab festgelegt werden.

Der Unterschied zwischen Vorinvalidität und Mitwirkungsanteil im Überblick:

	Vorinvalidität	Krankheiten oder Gebrechen
Art der Beeinträchtigung	Ziffer 2.1.2.2.3 AUB 2008: Eine körperliche oder geistige Funktion, die schon vor dem Unfallereignis dauernd beeinträchtigt war.	Ziffer 3 AUB 2008: Mitwirkung von Krankheiten oder Gebrechen an dem Unfallereignis oder den Unfallfolgen.
Art der Leistungsminderung	Unmittelbare Reduzierung des Invaliditätsgrades und aller anderen Leistungsarten.	Unmittelbare Reduzierung des Invaliditätsgrades sowie aller anderen Leistungsarten (z. B. Unfalltod, Unfallkrankenhaus-Tagegeld oder Unfallrente). Voraussetzung für eine Leistungskürzung ist nach Verbandsempfehlung ein Mitwirkungsanteil von mindestens 25 % auch bei Proximus. Je nach VR erst ab 30 bzw. 50 % angewandt.

▶ Beispiel

Die Gebrauchsfähigkeit eines Beines wird durch den Unfall vollständig beeinträchtigt (lt. Gliedertaxe 70 %). Es stellt sich heraus, dass vorhandene Durchblutungsstörungen die Gebrauchsfähigkeit mit beeinträchtigt haben.

Ziffer 3 AUB 2008

Ein ärztliches Gutachten bemisst den Mitwirkungsanteil mit 30 %.

Lösung

Berechnung der Minderung
30 % Mitwirkungsanteil von 70 % Invalidität = 21 % Kürzung

Berechnung des Invaliditätsgrades
70 % Invalidität – 21 % Kürzung = 49 % Invaliditätsgrad für Leistungsbemessung

▶ **Beispiel**

Nach einem Unfall ist die rechte Hand von Frau Selig zu 60 % gebrauchsunfähig. An dieser Hand fehlte bereits der Daumen. Unfallunabhängige Krankheiten haben bei den Unfallfolgen zu 30 % mitgewirkt.

Die Versicherungssumme für Invalidität beträgt 100 000,00 € mit 350 % Progression. Berechnen Sie die Entschädigung.

Lösung

60 % Gebrauchsunfähigkeit der Hand 55 % Ziffer 2.1.2.2.1 AUB 2008	=	33,00 %
▪ Vorinvalidität Daumen Ziffer 2.1.2.2.3 AUB 2008		20,00 %
		13,00 %
▪ 30 % Mitwirkung von Krankheiten bei den Unfallfolgen Ziffer 3 AUB 2008		3,90 %
Unfallbedingter Invaliditätsgrad Ziffer 3 AUB 2008		9,10 %
9,1 % von 100 000,00 € Invaliditätsentschädigung	=	9 100,00 €

▶ **Hinweis**

Kommen sowohl eine Vorinvalidität als auch ein Mitwirkungsanteil in Betracht, so wird zunächst die Vorinvalidität und dann der Mitwirkungsanteil berücksichtigt.

Vorschädigung und Vorinvalidität

Ziffer 3 AUB 2008

Leicht werden Vorschädigung und Vorinvalidität miteinander verwechselt. Wird die durch ein Unfallereignis hervorgerufene Gesundheitsschädigung oder deren Folgen durch Krankheit oder Gebrechen noch verstärkt, so spricht man von einer Vorschädigung. Definiert sind Gebrechen als „dauernde abnorme Gesundheitszustände, die eine einwandfreie Ausübung der Körperfunktion nicht mehr zulassen". Dies sind etwa ein angeborener Herzfehler (auch wenn dieser dem Versicherten bis zum Unfall nicht bekannt war), eine kaputte Bandscheibe, ein Bänderriss von vor etlichen Jahren ebenso wie eine schwere Fehlsichtigkeit. Davon zu unterscheiden sind Krankheiten, die als ein ärztlich festzustellender „regelwidriger" Körperzustand definiert sind, der objektiv vorhanden ist. Darunter fällt etwa eine HIV-Infektion oder eine Diabetes. Gerade Letztere wird in der Praxis oft erst im Zusammenhang mit einem Unfallereignis festgestellt.

▶ Beispiel 1

Der Versicherungsnehmer erleidet einen Trümmerbruch. Auf Grund einer schweren Herzkrankheit kann nicht sofort operiert werden. Die Unfallfolgen verschlimmern sich dadurch noch weiter. Dabei hat die Herzstörung keinen unmittelbaren Einfluss auf den eigentlichen Unfall gehabt, aber zu den eventuellen Folgen in erheblichem Maße beigetragen. Altersbedingte Einschränkungen sind ausdrücklich nicht als Vorschädigung zu werten. In der Praxis ist die Abgrenzung zwischen altersbedingtem Verschleiß und einem Leistung mindernden Gebrechen nicht ganz so einfach zu treffen. Keine Vorschädigung liegt vor, wenn zu einem früheren Zeitpunkt ein gerissenes Kreuzband durch ein künstliches Implantat ersetzt wurde und dies nach ärztlicher Feststellung wieder voll belastbar ist. Unter dem Mitwirkungsanteil versteht man die Beeinträchtigung körperlicher oder geistiger Funktionen, die bereits vor einem Unfall vorhanden sind. Das betrifft etwa ein nur noch eingeschränkt belastbares Kniegelenk, das durch ein Unfallereignis weiter geschädigt wird.

Ein anderes Beispiel wäre ein versteifter Arm, der als Folge unglücklicher Umstände amputiert werden muss. Erhebliche Mitwirkungen können auch Schäden an Knie und Hüfte, Hals- oder Lendenwirbelsäule, Rückbildungen von Knochen oder Muskeln oder etwaige Nervenleiden sein. Besonders gravierend in der Praxis kann sich Diabetes auswirken. Mitunter ist ein Versicherer daher vollkommen leistungsfrei. Dies gilt auch dann, wenn die Zuckerkrankheit erst nach Vertragsbeginn eingetreten ist. Damit eine Kürzung der Leistung zulässig ist, muss der Mitwirkungsanteil nach Verbandsempfehlung mindestens 25 % betragen.

▶ Beispiel 2

Der bisher unverletzte Fuß eines Versicherungsnehmers tritt auf einen rostigen Nagel. Die Wunde heilt aufgrund einer mit Insulin behandelten Diabetes nicht aus. Daraus ergibt sich ein Mitwirkungsanteil von 100 %. Folge: keine Invaliditätsleistung aus der Unfallversicherung auch im Falle einer folgenden Amputation des Fußes! Ein mitversichertes Unfall-Krankenhaus-Tagegeld oder eine Unfallrente wären entsprechend ebenfalls leistungsfrei.

▶ **Beispiel 3**

Ein Rentner tritt in ein Maulwurfsloch. Es kommt dadurch zu einem Bänderriss (Bänderruptur) im Kniegelenk. Auf Grund einer Diabetes heilt die Ruptur nur sehr langsam. Ein festgestellter Mitwirkungsanteil von 40 % wird bei allen Leistungen abgezogen. Bei Invalidität wird der Invaliditätsgrad gekürzt und dann die Leistung errechnet; das heißt auch Unfalltod, Krankenhaus-Tagegeld oder Tagegeld.

„Mehrleistungen" und „Progressionen" im Invaliditätsfall

Nach den AUB kann die Invalidität je Unfall nicht mehr als 100 % betragen.

Andererseits ist es denkbar, dass insbesondere bei schweren Verletzungen und damit verbundenen höheren Invaliditätsgraden der Kapitalbedarf des Verletzten überproportional steigt.

Erfahrungsgemäß führt eine geringfügige Invalidität nur selten zu dauerndem Verdienstausfall. Anders ist es dagegen bei schweren Invaliditätsschäden.

Schwerstverletzte müssen nicht nur bedeutende finanzielle Ausfälle und körperliche Behinderung hinnehmen, sondern darüber hinaus oft außergewöhnliche Aufwendungen erbringen, um ihr plötzlich verändertes Leben erträglich zu gestalten. Aus diesem Grund werden so genannte Mehrleistungs- und Progressionsmodelle angeboten. Durch sie wird bei höheren Invaliditätsgraden mehr geleistet, als der festgestellte Invaliditätsgrad, bezogen auf die vereinbarte Versicherungssumme, ergeben würde.

Die Versicherungsunternehmen bieten zur Leistungssteigerung für die Unfallversicherung unterschiedliche Modelle an. Die Versicherungsentschädigung steigt bei allen Varianten zunächst linear an, ab einem bestimmten Invaliditätsgrad wächst die Versicherungsleistung überproportional an, wie bei der

- Mehrleistung ab 70 %
- Mehrleistung ab 90 %
- Invalidität mit 225 % Progression
- Invalidität mit 350 % Progression
- Invalidität mit 500 % Progression

Mehrleistung ab 70 %

Ab 70%igem Invaliditätsgrad als Folge eines Unfalls vor Vollendung des 65. Lebensjahres wird die dreifache Invaliditätsleistung erbracht.

Mehrleistung ab 90 %

Bei diesem Modell verdoppelt sich der Invaliditätsanspruch, wenn der Invaliditätsgrad nach einem Unfall mindestens 90 % beträgt.
Die Mehrleistung ist allerdings auf maximal 150 000,00 € begrenzt und sie kommt nur zur Anwendung, wenn sich der Unfall vor Vollendung des 65. Lebensjahres des Versicherten ereignet hat.

Die Mehrleistung gehört vielfach zur Standardausstattung und ist meistens schon in die Beiträge für Invalidität einkalkuliert. Wenn nicht, wird für diese Erweiterung nur ein geringer Beitragszuschlag berechnet.

Wichtig:

Mehrleistung und Progressionen dürfen nicht gleichzeitig vereinbart werden.

Tritt ein Unfall vor Vollendung des 65. Lebensjahres ein und der Invaliditätsgrad beträgt 90 % oder mehr, verdoppelt sich der Leistungsanspruch (max. Mehrleistung 150 000,00 €).

▶ **Beispiel**

Invaliditätsanspruch ohne Mehrleistung	90 000,00 €
Invaliditätsanspruch bei vereinbarter Mehrleistung ab 90 %	180 000,00 €
Invaliditätsanspruch bei vereinbarter Mehrleistung ab 70 %	240 000,00 €

Progression 225 %

Beträgt der Invaliditätsgrad nach einem Unfall mehr als 25 %, erhöht sich die Leistung des Versicherers

- für den 25 %, nicht aber 50 % übersteigenden Teil des Invaliditätsgrads auf die doppelte Invaliditätssumme
- für den 50 % übersteigenden Teil des Invaliditätsgrads auf die dreifache Invaliditätssumme

Demgemäß erhöht sich die Leistung bei 225%iger Progression:

von	auf	von	auf	von	auf	von	auf
%	%	%	%	%	%	%	%
26	27	45	65	64	117	83	174
27	29	46	67	65	120	84	177
28	31	47	69	66	123	85	180
29	33	48	71	67	126	86	183
30	35	49	73	68	129	87	186
31	37	**50**	**75**	69	132	88	189
32	39	51	78	70	135	89	192
33	41	52	81	71	138	90	195
34	43	53	84	72	141	91	198
35	45	54	87	73	144	92	201
36	47	55	90	74	147	93	204
37	49	56	93	75	150	94	207
38	51	57	96	76	153	95	210
39	53	58	99	77	156	96	213
40	55	59	102	78	159	97	216
41	57	60	105	79	162	98	219
42	59	61	108	80	165	99	222
43	61	62	111	81	168	**100**	**225**
44	63	63	114	82	171		

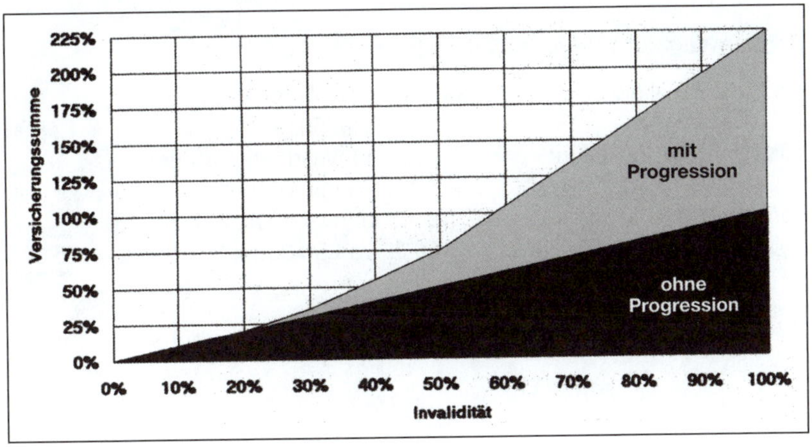

Prozentuale Steigerung

Bei den auf den Seiten 36 und 37 genannten Schadenbeispielen ergeben sich diese Entschädigungssummen:

▶ **Beispiel 1 von Seite 36**

Invaliditätsanspruch bei normaler Invaliditätsleistung (37,5 %)	56 250,00 €
Invaliditätsanspruch bei vereinbarter 225%iger Progression (50 %)	75 000,00 €

▶ **Beispiel 2 von Seite 36**

Invaliditätsanspruch bei normaler Invaliditätsleistung (65 %)	52 000,00 €
Invaliditätsanspruch bei vereinbarter 225%iger Progression (120 %)	96 000,00 €

▶ **Beispiel 3 von Seite 37**

Invaliditätsanspruch bei normaler Invaliditätsleistung (100 %)	50 000,00 €
Invaliditätsanspruch bei vereinbarter 225%iger Progression (225 %)	112 500,00 €

Rechenweg zum Beispiel 3 (Progression 225 %):

bis 25 % Invalidität ➡	einfache Invaliditätssumme = 25 % von 50 000	= 12 500
von 26–50 % Invalidität ➡	doppelte Invaliditätssumme = 25 % von 50 000 x 2	= 25 000
von 51–100 % Invalidität ➡	dreifache Invaliditätssumme = 50 % von 50 000 x 3	= 75 000
		112 500

Die Vereinbarung der Progression ist nur gegen einen höheren Beitrag möglich.

Progression 350 %

Beträgt der Invaliditätsgrad nach einem Unfall mehr als 25 %, erhöht sich die Leistung des Versicherers

- für den 25 %, nicht aber 50 % übersteigenden Teil des Invaliditätsgrads auf die dreifache Invaliditätssumme,
- für den 50 % übersteigenden Teil des Invaliditätsgrads auf die fünffache Invaliditätssumme.

Demgemäß erhöht sich die Leistung bei 350%iger Progression:

von	auf	von	auf	von	auf	von	auf
%	%	%	%	%	%	%	%
26	28	45	85	64	170	83	265
27	31	46	88	65	175	84	270
28	34	47	91	66	180	85	275
29	37	48	94	67	185	86	280
30	40	49	97	68	190	87	285
31	43	**50**	**100**	69	195	88	290
32	46	51	105	70	200	89	295
33	49	52	110	71	205	90	300
34	52	53	115	72	210	91	305
35	55	54	120	73	215	92	310
36	58	55	125	74	220	93	315
37	61	56	130	**75**	**225**	94	320
38	64	57	135	76	230	95	325
39	67	58	140	77	235	96	330
40	70	59	145	78	240	97	335
41	73	60	150	79	245	98	340
42	76	61	155	80	250	99	345
43	79	62	160	81	255	**100**	**350**
44	82	63	165	82	260		

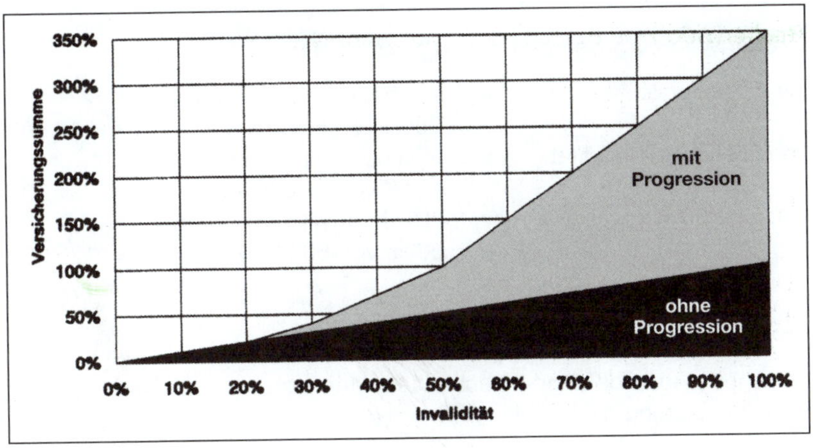

Prozentuale Steigerung

Bei den auf den Seiten 36 und 37 genannten Schadenbeispielen ergeben sich diese Entschädigungssummen:

▶ **Beispiel 1 von Seite 36**

Invaliditätsanspruch bei normaler Invaliditätsleistung (37,5 %)	56 250,00 €
Invaliditätsanspruch bei vereinbarter 350%iger Progression (62,5 %)	93 750,00 €

▶ **Beispiel 2 von Seite 36**

Invaliditätsanspruch bei normaler Invaliditätsleistung (65 %)	52 000,00 €
Invaliditätsanspruch bei vereinbarter 350%iger Progression (175 %)	140 000,00 €

▶ **Beispiel 3 von Seite 37**

Invaliditätsanspruch bei normaler Invaliditätsleistung (100 %)	50 000,00 €
Invaliditätsanspruch bei vereinbarter 350%iger Progression (350 %)	175 000,00 €

Rechenweg zum Beispiel 3 (Progression 350 %):

bis 25 % Invalidität	➡ einfache Invaliditätssumme = 25 % von 50 000	=	12 500
von 26–50 % Invalidität	➡ dreifache Invaliditätssumme = 25 % von 50 000 x 3	=	37 500
von 51–100 % Invalidität	➡ fünffache Invaliditätssumme = 50 % von 50 000 x 5	=	125 000
			175 000

Progression 500 %

Beträgt der Invaliditätsgrad nach einem Unfall mehr als 25 %, erhöht sich die Leistung des Versicherers

- für den 25 %, nicht aber 50 % übersteigenden Teil des Invaliditätsgrads auf die fünffache Invaliditätssumme,
- für den 50 % übersteigenden Teil des Invaliditätsgrads auf die siebenfache Invaliditätssumme.

Demgemäß erhöht sich die Leistung bei 500%iger Progression:

von	auf	von	auf	von	auf	von	auf
%	%	%	%	%	%	%	%
26	30	45	125	64	248	83	381
27	35	46	130	65	255	84	388
28	40	47	135	66	262	85	395
29	45	48	140	67	269	86	402
30	50	49	145	68	276	87	409
31	55	50	150	69	283	88	416
32	60	51	157	70	290	89	423
33	65	52	164	71	297	90	430
34	70	53	171	72	304	91	437
35	75	54	178	73	311	92	444
36	80	55	185	74	318	93	451
37	85	56	192	75	325	94	458
38	90	57	199	76	332	95	465
39	95	58	206	77	339	96	472
40	100	59	213	78	346	97	479
41	105	60	220	79	353	98	486
42	110	61	227	80	360	99	493
43	115	62	234	81	367	100	500
44	120	63	241	82	374		

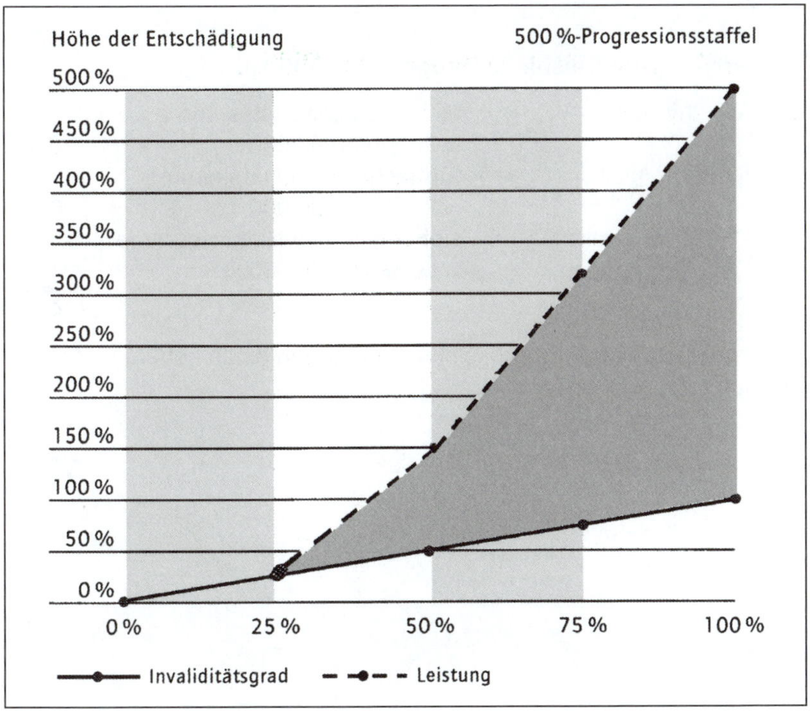

Prozentuale Steigerung

Bei den auf den Seiten 36 und 37 genannten Schadenbeispielen ergeben sich diese Entschädigungssummen:

▶ Beispiel 1 von Seite 36

Invaliditätsanspruch bei normaler Invaliditätsleistung (37,5 %)	56 250,00 €
Invaliditätsanspruch bei vereinbarter 500%iger Progression (87,5 %)	131 250,00 €

▶ Beispiel 2 von Seite 36

Invaliditätsanspruch bei normaler Invaliditätsleistung (65 %)	52 000,00 €
Invaliditätsanspruch bei vereinbarter 500%iger Progression (255 %)	204 000,00 €

▶ Beispiel 3 von Seite 37

Invaliditätsanspruch bei normaler Invaliditätsleistung (100 %)	50 000,00 €
Invaliditätsanspruch bei vereinbarter 500%iger Progression (500 %)	250 000,00 €

Rechenweg zum Beispiel 2 (Progression 500 %):

bis 25 % Invalidität	➡	einfache Invaliditätssumme = 25 % von 80 000	=	20 000
von 26–50 % Invalidität	➡	fünffache Invaliditätssumme = 25 % von 80 000 x 5	=	100 000
von 51–100 % Invalidität	➡	siebenfache Invaliditätssumme = 50 % von 80 000 x 7	=	84 000
				204 000

Die Vereinbarung der Progression ist nur gegen einen höheren Beitrag möglich.

Rentenleistung

Überblick – Progression – Mehrleistung

Unfallversicherungen mit einer versicherten Invaliditätssumme von 100 000 € – Proximus

Invaliditätsgrad	Tarif ohne Progression	Tarif mit 225 % Progression	Tarif mit 350 % Progression	Tarif mit 500 % Progression	klassischer Mehrleistungstarif*	Mehrleistung 70 %
10 %	10 000 €	10 000 €	10 000 €	10 000 €	10 000 €	10 000 €
30 %	30 000 €	35 000 €	40 000 €	50 000 €	30 000 €	30 000 €
50 %	50 000 €	75 000 €	100 000 €	150 000 €	50 000 €	50 000 €
70 %	70 000 €	135 000 €	200 000 €	290 000 €	70 000 €	210 000 €
90 %	90 000 €	195 000 €	300 000 €	430 000 €	180 000 €	240 000 €
100 %	100 000 €	225 000 €	350 000 €	500 000 €	200 000 €	250 000 €

* Mehrleistung ab einem Invaliditätsgrad von 90 %; Begrenzung auf 150 000 € je Fall.

Soweit ausdrücklich beantragt oder wenn der Versicherte bei Eintritt des Unfalls das 65. Lebensjahr vollendet hat, wird die Leistung als Rente erbracht.

gilt nur für Altverträge AUB 2005

Die Zahlung erfolgt rückwirkend mit Beginn des Monats, in dem sich der Unfall ereignet hat, bis zum Ende des Vierteljahres, in dem die versicherte Person stirbt. Die Zahlung wird vierteljährlich im Voraus vorgenommen.

Je 1 000,00 € Kapitalleistung ergeben sich die folgenden Jahresrentenbeträge:

Alter	Betrag der Jahresrente in € für Männer	Frauen
65	76,99	64,81
66	79,33	66,51
67	81,81	68,31
68	84,42	70,22
69	87,18	72,24
70	90,12	74,39
71	93,27	76,70
72	96,65	79,19
73	100,29	81,89
74	104,24	84,83
75 und darüber	108,49	88,02

▶ **Beispiel**

Frau Koller, Hausfrau (geb. 15. 5. 1938), hat im Rahmen ihrer Unfallversicherung eine Invaliditätssumme von 80 000,00 € versichert. Am 2. 3. 2008 erleidet Frau Koller einen Oberschenkelhalsbruch (Gliedertaxe 70 %). Nach Abschluss der Heilbehandlung verbleibt eine Funktionsbeeinträchtigung von 50 Prozent.

Alter beim Unfall 69 Jahre
Invaliditätsgrad 35 % – keine Progression

Lösung

50 % von 70 % = 35 % × 80 000,00 € = 28 000,00 € Kapitalleistung

gilt nur für Altverträge AUB 2005

$$\text{Jahresrente} = \frac{28\,000 \times 72{,}24}{1\,000}$$ = 2 022,72 € verrentete Kapitalleistung

vierteljährliche Rentenzahlung = 505,68 € Rente pro Quartal

Übergangsleistung

Ziffer 2.2 AUB 2008

Die Heilung von Unfallfolgen braucht ihre Zeit. Oft kann der Arzt einen Invaliditätsgrad auch erst nach Abschluss der Heilbehandlung feststellen. Die Übergangsleistung soll helfen, die Heilbehandlung oder Rehabilitationsmaßnahmen zu finanzieren oder einen langwierigen Genesungsprozess zu überbrücken.

Besteht nach Ablauf von sechs Monaten seit Eintritt des Unfalls ohne Mitwirkung von Krankheiten oder Gebrechen noch eine unfallbedingte Beeinträchtigung der normalen körperlichen oder geistigen Leistungsfähigkeit im beruflichen und außerberuflichen Bereich von mindestens 50 % und hat diese Beeinträchtigung bis dahin ununterbrochen bestanden, so wird die im Vertrag vereinbarte Übergangsleistung erbracht. Sie wird auf andere Leistungen nicht angerechnet.

▶ **Beispiel**

Der VN befindet sich aufgrund eines Verkehrsunfalles seit 6 Monaten in stationärer Behandlung. Die mitversicherte Übergangsentschädigung in Höhe von 20 000,00 € wird fällig, da die genannten Voraussetzungen erfüllt sind.

Verbesserte Übergangsleistung (nicht bei Proximus)

Wenn 3 Monate nach dem Unfall noch eine unfallbedingte Beeinträchtigung der normalen körperlichen und geistigen Leistungsfähigkeit von 100 % vorliegt, so wird ein Viertel der versicherten Übergangsentschädigung gezahlt. Dieser Betrag wird auf den Anspruch der gesamten Übergangsleistung angerechnet.

Sofortleistung für Schwerverletzte

Bei schweren Verletzungen leistet Proximus die vereinbarte Übergangsleistung, sofern der Verletzte nicht innerhalb von 3 Tagen nach dem Unfall stirbt.

Leistungserweiterung AUB 2008

Nachstehend ein Überblick über die wesentlichsten Merkmale:

Leistungsart	Unfallbedingte Beeinträchtigung		Zahlung aus der Versicherungssumme für Übergangsleistung			Frist zur Geltendmachung
	nach 3 Monaten	nach 6 Monaten	nach 3 Monaten	nach 6 Monaten	gesamt	
Übergangsleistung	–	mehr als 50 %	–	100 %	100 %	7 Monate
Erweiterte Übergangsleistung	100 %	mehr als 50 %	25 %	75 %	100 %	4 bzw. 7 Monate
Verbesserte Übergangsleistung	100 %	mehr als 50 %	50 %	50 %	100 %	4 bzw. 7 Monate

Tagegeld

Insbesondere bei Selbstständigen kann es nach einem Unfall zum Verdienstausfall kommen, weil sie ihre Tätigkeit nicht mehr ganz oder nur zeitweise ausüben können. Das Tagegeld soll diesen Verdienstausfall ersetzen oder mindern und es hat damit eine echte Ersatzfunktion für unfallbedingte Einkommensverluste.

Ziffer 2.3 AUB 2008

Tritt als Unfallfolge eine vorübergehende oder dauernde Beeinträchtigung der Arbeitsfähigkeit ein, so wird nach dem Grade der Beeinträchtigung Tagegeld für die Dauer der ärztlichen Behandlung, längstens bis zu einem Jahr, vom Unfalltage an gerechnet, gezahlt.

Ein vollstationärer Krankenhausaufenthalt wird als 100 % Beeinträchtigung der Arbeitsfähigkeit angesehen!

Wichtig:

Die Tagegeldversicherung ab 1. Tag wird grundsätzlich nur Selbstständigen angeboten, die einen sofortigen Einkommensverlust erleiden.

Der Beginn der Tagegeldleistung kann gegen Beitragsnachlass auf den 8., 15., 29., 43., 57., 71. und 92. Tag des Beginns der ärztlichen Behandlung hinausgeschoben werden. Das empfiehlt sich für alle Versicherten, deren Gehalts- oder Lohnbezüge vom Arbeitgeber noch für eine gewisse Zeit nach Eintritt der Arbeitsunfähigkeit weitergezahlt werden. Tagegeld wird in der Regel für Personen ohne Beruf, z. B. Rentner, Pensionäre, Studenten, Schüler und Kinder, nicht geboten.
Angebot bei Proximus ab dem 8. bzw. 15. Tag und Höchstversicherungssumme 50,00 € pro Tag in den Tarifen 30/31.

▶ Beispiel

Der Handelsvertreter Stubbe hat ein Tagegeld in Höhe von 25,00 € ab 8. Tag versichert. Nach einem Sportunfall ist er in der Zeit vom 1. 6. bis 20. 6. vollständig arbeitsunfähig (Krankenhausaufenthalt), vom 21. 6. bis 5. 7. bescheinigt der behandelnde Arzt eine 50%ige Beeinträchtigung der Arbeitsfähigkeit und bis zum 14. 7. eine Beeinträchtigung von 25 %. Die Leistung berechnet sich wie folgt

01. 06. – 20. 06. = 13 Tage × (100 %) 25,00 € =	325,00 €
21. 06. – 05. 07. = 15 Tage × (50 %) 12,50 € =	187,50 €
06. 07. – 14. 07. = 9 Tage × (25 %) 6,25 € =	56,25 €
Entschädigung	568,75 €

Ziffer 2.4 AUB 2008

Krankenhaus-Tagegeld

Ist nach einem Unfall ein stationärer Krankenhausaufenthalt erforderlich, tragen üblicherweise die Krankenkassen oder ein privater Krankenversicherer die Kosten. Es fallen aber oft noch zusätzliche Aufwendungen an, z. B.

- gesetzlicher Eigenanteil zum täglichen Pflegesatz bei Krankenhausbehandlung
- Beschäftigung einer Haushaltshilfe
- Fahrtkosten von Angehörigen
- Mehrkosten für Telefon und Fernseher im Krankenhaus
- Mehrkosten für die gewünschte Unterbringung in einem Zweibett- oder Einzelzimmer

Bei vollstationärer Behandlung von Unfallfolgen in einem Krankenhaus wird Krankenhaus-Tagegeld vom Tage der Aufnahme bis zum Tage der Entlassung gezahlt, und zwar längstens für zwei Jahre vom Unfalltage an gerechnet. Ein Aufenthalt in Sanatorien, Kuranstalten oder Erholungsheimen gilt nicht als Krankenhausaufenthalt.

Durch die Leistungserweiterungen bei Proximus wird das Krankenhaus-Tagegeld auch bei ambulanten Operationen für längstens 7 Tage gezahlt.

▶ **Beispiel**

Herr Stubbe hat gleichzeitig ein Krankenhaus-Tagegeld in Höhe von ebenfalls 30,00 € versichert. Somit erhält er für die 20 Tage Krankenhausaufenthalt zusätzlich eine Leistung in Höhe von

20 × 30,00 € = 600,00 €

Die Mehrkosten, die durch den Krankenhausaufenthalt entstehen, kann Herr Stubbe somit problemlos mit Hilfe des Krankenhaus-Tagegeldes und des nachfolgend beschriebenen Krankenhaus-Tagegeldes plus eines evtl. Genesungsgeldes ausgleichen.

Auch zu dieser Leistungsart sind Produktvarianten im Angebot, so bieten z. B. einige Versicherer eine Verdoppelung des Krankenhaus-Tagegeldes, wenn eine Betreuungsperson im Krankenhaus untergebracht ist und ihr Kind noch keine 12 Jahre alt ist.

Genesungsgeld

Ziffer 2.5 AUB 2008

Wenn nach einem unfallbedingten Krankenhausaufenthalt die Erholungszeit kommt, sind einige Extras besonders wichtig. Das kann eine spezielle Ernährung oder ein leichtes Training sein. Die bestmögliche Erholung, körperlich und seelisch, vielleicht auch durch eine Urlaubsreise, ist nach einem Unfall sehr wichtig. Am Geld sollte man dabei nicht sparen müssen. Kosten können durch die Vereinbarung eines Genesungsgeldes zumindest teilweise ausgeglichen werden.

Ist die versicherte Person aus der vollstationären Behandlung entlassen worden und hatte Anspruch auf Krankenhaus-Tagegeld, erhält sie ein Genesungsgeld in vereinbarter Höhe für die gleiche Anzahl von Kalendertagen, wie sie sich vollstationär im Krankenhaus aufgehalten hat, längstens für 100 Tage.

Proximus zahlt immer die vereinbarte Versicherungssumme. Andere Versicherer bieten es prozentual in abgestufter Form an:

1. bis 10. Tag = 100 %
11. bis 20. Tag = 50 %
21. bis 100. Tag = 25 %

▶ **Beispiel**

Herr Stubbe hat zusätzlich ein Genesungsgeld von 25 € versichert. Er erhält für die 20 Tage Krankenhausaufenthalt je Tag ein Genesungsgeld in versicherter Höhe
20 × 25,00 € = 500,00 €

Die drei vorgenannten Leistungsarten

- Tagegeld
- Krankenhaus-Tagegeld
- Genesungsgeld

sind eigenständige Leistungsarten, die unabhängig von einer dauernden Beeinträchtigung der Leistungsfähigkeit gezahlt werden und separat beitragspflichtig sind.

Todesfallleistung

Ziffer 2.6 AUB 2008

Führt ein Unfall innerhalb eines Jahres vom Unfalltage an gerechnet zum Tode, so wird Entschädigung nach der versicherten Todesfallsumme geleistet. Es besteht dann kein Anspruch auf Invaliditätsleistung.

Ziffer 2.1.2.4 AUB 2008

Stirbt der Versicherte aus unfallfremder Ursache innerhalb eines Jahres nach dem Unfall oder – gleichgültig aus welcher Ursache – später als ein Jahr nach dem Unfall, so wird der Invaliditätsanspruch entschädigt, der bis zum Tod bestanden hat.

Ziffer 9.3 AUB 2008

Nur bei versicherter Todesfallleistung ist im Invaliditätsfall ein angemessener Vorschuss möglich.

Todes- und Invaliditätsentschädigungen werden niemals für eine versicherte Person nebeneinander geleistet.

Die Todesfallleistung wird üblicherweise an einen ausdrücklich benannten Bezugsberechtigten ausgezahlt, d. h. damit fällt eine Leistung nicht in den Nachlass eines Verstorbenen. Ist ausnahmsweise kein Bezugsberechtigter angegeben oder dieser bereits vor dem Versicherungsnehmer verstorben, sind die gesetzlich oder testamentarisch bestimmten Erben bezugsberechtigt.

Ziffer 2.7 AUB 2008

Unfallrente 50/90

Neben der versicherten Invaliditätssumme, welche in den AUB 2008 immer als einmalige Kapitalleistung ausgezahlt wird, kann sich der Versicherungsnehmer zusätzlich für den Abschluss der Unfallrente 50/90 entscheiden.

Diese Rente kann zusätzlich dazu dienen, die bei eintretender Invalidität entstehenden laufenden Kosten oder den eventuellen Verdienstausfall aufzufangen bzw. abzufedern.

Die Unfallrente 50/90 deckt den Mittel- und Großschaden. Sie kommt bei einer unfallbedingten Invalidität von mind. 50 % zur Auszahlung und wird dann, solange der Anspruch besteht, monatlich im Voraus gezahlt. Bei einer unfallbedingten Invalidität von mindestens 90 % verdoppelt sich die Rente.

Zudem beinhaltet die Unfallrente 50/90 einen Hinterbliebenenschutz in Form einer einmaligen Kapitalleistung in Höhe von zwölf (einfachen) Monatsraten. Diese kommt zur Auszahlung, wenn die versicherte Person später als ein Jahr, egal aus welchem Grund, nach dem Unfall verstirbt und dadurch ein Anspruch auf Rentenzahlung entstanden ist.

Tritt der Tod innerhalb eines Jahres ein, ist zu unterscheiden, ob der Tod unfallbedingt eingetreten ist. Hier geben die AUB 2008 weitere Hinweise.

▶ **Beispiel 1**

Herr Krieger ist nach einem versicherten Unfall zu 67 % Invalide. Er hat neben einer Invaliditätssumme von 100 000 € mit Progression 350 % auch eine Unfallrente 50/90 in Höhe von 500 € versichert.

Unter Berücksichtigung der Fristen erhält er nun aus

▪ der Inv.-Summe Prog. 350 %	185 000 €	Kapitalleistung
▪ der Unfallrente 50/90	500 €	mtl. Rente – solange Anspruch besteht

▶ **Beispiel 2**

Wie in Beispiel 1 nur mit einem festgestellten Invaliditätsgrad von 91 %.

Hier erhöht sich die Kapitalleistung auf 305 000 € und die Rente verdoppelt sich auf 1 000 € monatlich.

▶ **Beispiel 3**

Wie in Beispiel 2. Der Kunde verstirbt jedoch drei Jahre nach dem Unfall aufgrund eines Schlaganfalles.

Hier erhalten die Hinterbliebenen zusätzlich eine einmalige Kapitalleistung von 6 000 € (12 x Versicherungssumme) aus der Unfallrente 50/90.

Oberschenkelhalsbruch und Kurkostenbeihilfe

Die Zielgruppe „Senioren", oft auch in der Versicherungswirtschaft als AKTIV bezeichnet, steht immer mehr im Vordergrund. Diese Zielgruppe ist in der Vergangenheit etwas stiefmütterlich behandelt worden. Daher entwickeln die einzelnen Versicherungsunternehmen auf dem Markt immer mehr Produktinnovationen, speziell für diese Zielgruppe.

Die Proximus Versicherung berücksichtigt diese Zielgruppe ebenfalls mit zwei Leistungsarten.

Generell ist zu sagen, dass beide Leistungsarten nur im Tarif 50 versichert werden können. Beide werden nicht dynamisiert.

Ziffer 2.8 AUB 2008

Oberschenkelhalsbruch

Ein Oberschenkelhalsbruch ist für Senioren eine sehr schwere Verletzung, welche oft durch Verschleiß, also nicht plötzlich von außen, hervorgerufen wird und weitreichende finanzielle Folgen hat.

Mit der Leistungsart „Oberschenkelhalsbruch" soll dem Versicherten ermöglicht werden, die ersten anfallenden Kosten aufzufangen. Die Versicherungssumme kommt zur Auszahlung, wenn die versicherte Person einen Oberschenkelhalsbruch erleidet. Unabhängig davon, ob ein Unfall Ursache war oder nicht.

Ziffer 2.9 AUB 2008

Kurkostenbeihilfe

Der Heilungsprozess bei älteren Menschen verläuft erfahrungsgemäß langsamer als bei der jüngeren Generation. Oft sind Kuren, auch noch Jahre nach dem Unfall, zur Wiederherstellung der körperlichen und geistigen Leistungsfähigkeit notwendig.

Die Leistungsart „Kurkostenbeihilfe" soll den Versicherten bei einer Kur finanziell unterstützen. Die versicherte Leistungsart kommt zur Auszahlung, wenn unfallbedingt innerhalb von 3 Jahren nach dem versicherten Unfallereignis eine ärztlich angeordnete Kur belegt wird.

Es werden allerdings nur die Mehrkosten erstattet, die der gesetzliche Träger nicht übernimmt. Jeweils bis zur vereinbarten Versicherungssumme.

Es ist unerheblich, ob der Versicherte zum Unfallzeitpunkt bereits im Tarif 50 versichert war.

Wie bereits beschrieben, werden für die Zielgruppe der Senioren, welche besondere Ansprüche hat, maßgeschneiderte Produkte und Leistungsarten entwickelt.

Einige Versicherer bieten heute schon für Senioren auch dann Versicherungsschutz, wenn der Unfall durch einen Herz- oder Schlaganfall hervorgerufen wird.

Zukünftig ist auch damit zu rechnen, dass neben den „herkömmlichen" Leistungsarten der Unfallversicherung, Leistungen nach Art der Pflegeversicherung im Vordergrund stehen. So kann es sein, dass Versicherer lebenslange Unfall-Pflegerenten anbieten. Auch dann, wenn die gesetzliche Pflegeversicherung nicht eintritt.

Kosmetische Operationen

Ziffer 2.10 AUB 2008

Oft bleiben als Folge eines Unfalls Narben u. ä. zurück, die das äußere Erscheinungsbild des Betroffenen dauerhaft verunstalten. Das wirkt sich in vielen Fällen auf sein Lebensgefühl aus und führt zu psychischen Schädigungen, die aber in den AUB keine Invalidität bedeuten. Durch einen chirurgischen Eingriff können Narben oft beseitigt oder unauffälliger werden.

Bis zum Ablauf des 3. Jahres nach dem Unfall werden die Kosten einer kosmetischen Operation – Honorare, Medikamente, Unterbringung, Verpflegung – übernommen, wenn durch Unfall die Körperoberfläche derart beschädigt ist, dass das äußere Erscheinungsbild dauerhaft beeinträchtigt ist.

Bei der Mitversicherung von kosmetischen Operationen werden die Kosten für solche Eingriffe bis zur festgelegten Versicherungssumme erstattet, sofern kein anderer Kostenträger vorleistungspflichtig ist (subsidiäre Haftung). Die Operation und die klinische Behandlung müssen innerhalb von drei Jahren nach dem Unfall erfolgen.

Für Kinder gelten verlängerte Fristen.

Bergungskosten/Rettungskosten

Ziffer 2.11 AUB 2008

Insbesondere in der Wintersaison sind z. B. durch verunglückte Skiwanderer umfangreiche Suchaktionen erforderlich, um eine Bergung vorzunehmen. Die Unfallversicherer bieten in der Regel kostenfrei die Mitversicherung einer Summe von z. B. 50 000,00 €, die für Suchaktionen nach Unfallverletzten, auch wenn nur die Vermutung eines Unfalles besteht, zur Verfügung steht. Ersetzt werden ebenfalls die Verbringungskosten ins nächste Krankenhaus, einschließlich der Rückfahrtkosten zum Heimatort. Das gilt ebenfalls für den Transport von Unfalltoten zum Heimatort. Auch für diese Leistungsart gilt die nachrangige Eintrittspflicht.

Assistance-Leistungen

Es besteht die Möglichkeit, zusätzliche Service-Leistungen, in bestimmten Fällen auch Kostenersatz in Geld zu vereinbaren. Der Einschluss der Leistungen erfolgt durch Besondere Bedingungen.

Sonstige Leistungen

Ähnlich der Kinder-Invaliditäts-Zusatzversicherung sind Krankheitsfolgen auch bei Erwachsenen versicherbar.

Andere Erweiterungen/Ergänzungen der Leistungspalette sind:

- Versicherung von Zahnbehandlungs-/Ersatzkosten
- Mitversicherung von Schmerzensgeld
- beitragsfreie Weiterversicherung bei Tod des Partners – Vorsorge bei Kindern
- Kostenersatz von Wohnungsumbau/Umzug/Pkw-Umrüstung
- Verlängerung von Krankenhaus-Tagegeld-Leistungen
- Mitversicherung frauenspezifischer Krebserkrankungen
- Prämienfreistellung bei Arbeitslosigkeit
- Kostenersatz für Haushaltshilfe bei Unfall
- Vorsorgeversicherung für Neugeborene
- Kurkostenbeihilfe bei unfallbedingten Kuren

Dynamikvereinbarung

Beim Abschluss einer Unfallversicherung wird die Versicherungssumme so gewählt, dass sie den zu diesem Zeitpunkt geltenden Vorsorgeerfordernissen entspricht. Doch steigende Lebenshaltungskosten und steigende Einkommen bewirken auch einen erhöhten Versorgungsbedarf.

Hat ein Versicherungsnehmer z. B. vor 7 Jahren eine Unfallversicherung abgeschlossen und die Versicherungssummen seitdem nicht erhöht, ist er heute um ca. 20 % zu niedrig versichert. Denn die Löhne und Gehälter sind inzwischen so gestiegen, dass die damals bedarfsgerechten Versicherungssummen zu niedrig sind.

Hier hilft die dynamische Unfallversicherung, denn sie garantiert wachsende Versicherungssummen. Die neuen Versicherungssummen werden je nach Tarifeinheit aufgerundet.

Der Kunde kann alljährliche Erhöhungen der Versicherungssummen bestimmen; seine Prämie steigt dann im gleichen Verhältnis.

Als Maßstab für die automatische Anpassung kann entweder die prozentuale Steigerung des Höchstbeitrages zur GRV (mindestens 5 %) oder ein fester Prozentsatz (10 %) vereinbart werden.

Trotz der z. B. vereinbarten Dynamik hat der Kunde das Recht der Anpassung innerhalb von 6 Wochen zu widersprechen und damit die Entwicklung seines Versicherungsschutzes und des dafür zu zahlenden Beitrags selbst zu bestimmen. Ferner kann er die Dynamik für die gesamte Laufzeit des Vertrages durch Widerruf ausschließen.

Leistungsarten – Proximus

Todesfallleistung	Invaliditätsleistung ▪ Mehrleistung ▪ Progression	Unfallrente 50/90	Übergangs-Leistung	Tagegeld ab 8. bzw. 15. Tag	Krankenhaus-Tagegeld
Genesungsgeld	Kosmetische Operationskosten	Bergungskosten beitragsfrei	Seniorenleistungen ▪ Oberschenkelhalsbruch ▪ Kurkostenbeihilfe		

Leistungsbeispiel nach einem Unfall

Frau Müller erleidet einen Skiunfall im Ausland. Folge: Schwere Gesichtsverletzungen sowie mehrere komplizierte Brüche von Armen und Beinen. Wegen des Ausmaßes der Verletzungen ist eine Bergung mit dem Hubschrauber notwendig.

Unfallfolgen

- 92 Tage stationärer Krankenhausaufenthalt
- daran anschließend noch
  68 Tage zu 100 % arbeitsunfähig
  24 Tage zu 50 % arbeitsunfähig
  20 Tage zu 25 % arbeitsunfähig
- Nach Abschluss der Heilbehandlung verbleibt eine Dauerinvalidität von 52 %
- Wegen der Gesichtsverletzungen unterzieht sie sich einer kosmetischen Operation. Kosten 4 400,00 €
- Der Luftrettungsdienst stellt 1 800,00 € in Rechnung.

Für Frau Müller bestand am Unfalltag eine private Unfallversicherung mit folgenden Leistungsarten und Versicherungssummen:

200 000,00 €	für Invalidität mit 350 % Progression
15 000,00 €	Übergangsleistungen
50,00 €	Tagegeld vom 8. Tag
75,00 €	Krankenhaus-Tagegeld
25,00 €	Genesungsgeld
50 000,00 €	für den Todesfall
10 000,00 €	für Bergungskosten
5 000,00 €	für kosmetische Operationen

Aus dieser Unfallversicherung erhält Frau Müller nach einer Gesamtinvalidität von 70 % (Vorinvalidität 18 %) folgende Leistungen:

▪ Invaliditätsentschädigung bei 52 % Dauerinvalidität	220 000,00 €
▪ Krankenhaus-Tagegeld	
92 Tage à 75,00 €	6 900,00 €
▪ Genesungsgeld	
92 Tage à 25,00 €	2 300,00 €
▪ Tagegeld vom 8. Tage	
153 Tage à 50,00 € (100 % Arbeitsunfähigkeit)	7 650,00 €
24 Tage à 25,00 € (50 % Arbeitsunfähigkeit)	600,00 €
20 Tage à 12,50 € (25 % Arbeitsunfähigkeit)	250,00 €
▪ Übergangsleistung	15 000,00 €
▪ Kostenerstattung für die Bergung mit dem Hubschrauber sofern kein anderer Kostenträger	1 800,00 €
▪ Kostenerstattung für die kosmetischen Operationen sofern kein anderer Kostenträger	4 400,00 €
Gesamtleistung	258 900,00 €

Ziffer 15 AUB 2005 Ansprüche aus dem Versicherungsvertrag verjähren nach zwei Jahren.
Ziffer 15 AUB 2008 Ansprüche aus dem Versicherungsvertrag verjähren nach drei Jahren.

▶ Praxishinweise

Leistungsüberschneidungen bzw. Alternativen, die bei einer Kundenberatung zu beachten sind:

Leistungsarten-Unfallversicherung	Überschneidung mit
Tod	UZV-Leben / Risikolebens-Vers.
Invalidität	BU bzw. BUZ, Pflegevers.
Tagegeld	PKV – Verdienstausfall
Krankenhaus-Tagegeld	PKV – Krankenhaus-Tagegeld
Bergungskosten	PKV / GKV
Kosmetische Operationen	PKV /GKV
Übergangsleistung	BUZ – Tagegeldvers.
Unfallrente 50/90	GRV
Oberschenkelhalsbruch	GKV/PKV
Kurkostenbeihilfe	GKV/PKV

Ferner ist bei der Invaliditätsleistung zu überlegen, ob mit dem Kunden für einen festen Beitrag, den er aufbringen will, eine hohe Grundsumme mit niedriger Progression oder eine niedrigere Grundsumme mit hoher Progression vereinbart werden soll.

Bei kleinen Invaliditätsgraden, die häufiger vorkommen, ist die höhere Grundsumme für den Kunden besser. Dagegen ist bei höheren Invaliditätsgraden, die seltener sind, die höhere Progression für den Kunden rentabler. Die Entscheidung bleibt dem VN überlassen.

Verbesserter Versicherungsschutz

Informieren Sie sich über die veränderten Deckungsvarianten der Unfallversicherung in Ihrem Unternehmen. Folgende Übersicht soll Ihnen hier Anhaltspunkte geben:

Versicherungsumfang gemäß den jeweiligen Versicherungsbedingungen	Standard	Erweiterte
ja = versichert; nein = nicht versichert	Proximus-Deckung	Deckung
Versicherungsschutz bei Gasen und Dämpfen	ja	ja
Erweiterter Versicherungsschutz bei Tauchunfällen	nein	ja
Versicherungsschutz bei Kraftanstrengungen	nein	ja
Anmeldefrist für Invalidität, verlängert auf 18 Monate	nein	ja
Wahlrecht zwischen Kapital- oder Rentenzahlung bis 75 Jahre	nein	ja
Verbesserte Gliedertaxe (Variante 1)	nein	ja
Kosmetische Operationskosten (einschl. Frontzähne)	nein	bis 10 000 €
Sofortleistung bei schweren Verletzungen	ja	bis 10 000 €
Kurbeihilfe	nein	bis 3 000 €
Bergungskosten	bis 50 000 €	bis 50 000 €
Erhöhung des Mitwirkungsanteils von Krankheiten und Gebrechen auf 30 %	nein	ja
Versicherungsschutz bei Unfällen infolge Schlaganfall/Herzinfarkt	nein	ja
Einschluss bestimmter Bewusstseinsstörungen	nein	ja
Erweiterter Versicherungsschutz bei Krieg/Bürgerkrieg	ja	ja
Versicherungsschutz bei Strahlenunfällen	ja	ja

Fortsetzung nächste Seite

Versicherungsumfang gemäß den jeweiligen Versicherungsbedingungen	Standard	Erweiterte
ja = versichert; nein = nicht versichert	Proximus-Deckung	Deckung
Versicherungsschutz bei Insektenstichen	ja	ja
Immunklausel	nein	ja
Versicherungsschutz bei bestimmten Infektionen	nein	ja
Folgen von Lebensmittelvergiftungen	nein	ja
Sonderregelung bei Berufsänderung	nein	ja
Keine Obliegenheitsverletzung bei verspäteter Hinzuziehung eines Arztes	nein	ja
Verdienstausfall bei Unternehmen, Geschäftsführern, Selbstständigen usw.	nein	ja
Keine Nachteile bei Berufsausübung nach einem Unfall	nein	ja
Versehensklausel	nein	ja
Zusätzliche Kostenübernahme (Gutachten etc.)	nein	ja
Vorsorgeversicherung für Ehepartner und Kinder	nein	ja
Besonderheiten in der Kinder-Unfallversicherung		
Für Kinder bis 10 Jahre: Einschluss Vergiftungen	ja	ja
Prämienbefreiung in der Kinder-Unfallversicherung bei Tod des VN	ja	ja
Zusatzleistung bei Einschluss der entsprechenden Leistungsart		
Verlängerung der Dauer für Tagegeldleistung	nein	ja
Verlängerte Dauer für Krankenhaus-Tagegeldleistungen	nein	ja
Krankenhaus-Tagegeld auch bei ambulanten chirurgischen Operationen	nein	ja
Krankenhaus-Tagegeld auch bei ambulanten Operationen	ja	ja
Krankenhaus-Tagegeld auch bei stationärer Behandlung in einem Rehabilitationszentrum	nein	ja
Verlängerung der Dauer für Genesungsgeldleistung	nein	ja
Kostenübernahme für eine Haushaltshilfe	nein	ja
Rooming-in-Leistung	nein	ja
Doppelte Todesfallleistung für Eltern	nein	ja

Übungen

1. Entscheiden Sie, welcher Invaliditätsgrad vorliegt:

   a) Verlust des Daumens und Zeigefingers der rechten Hand
   b) Verlust der rechten Hand
   c) Verlust der rechten Hand, wobei der Daumen bereits durch einen früheren Unfall verloren wurde
   d) 70%ige Gebrauchsminderung eines Beines
   e) wie d), es hat jedoch eine Erkrankung zu 50 % mitgewirkt

2. Kann die Invaliditätsleistung und die Todesfallleistung nach einem Unfall nacheinander beansprucht werden?

3. Welche Gründe sprechen für den Abschluss folgender Leistungsarten:

   a) Krankenhaus-Tagegeld und Genesungsgeld
   b) Übergangsentschädigung

4. Erklären Sie die Progression bei der Invaliditätsleistung.

5. Wie kann der Geldwertverlust und der höhere Lebensstandard der Familie Werker in der Unfallversicherung ausgeglichen werden?

6. Ein Versicherter verstirbt 6 Monate nach einem Unfall aus unfallfremder Ursache – auf welche Leistungen haben die Hinterbliebenen ggf. einen Anspruch?

7. Ihr VN Müller befindet sich nach einem Unfall 68 Tage in stationärer Behandlung. Versichert ist u. a. ein Unfall-Krankenhaus-Tagegeld – pro Tag 50,00 € – mit Genesungsgeld.

   Welche Leistung wird jeweils fällig?

8. Der Kunde Riek erleidet am 10. 4. einen Unfall und wird ins Krankenhaus eingeliefert. Nach mehreren operativen Eingriffen, die nicht helfen, verstirbt er unfallbedingt am 28. 6. Die versicherten Leistungen sind:

   - Tod 100 000,00 €
   - Invalidität 225 000,00 €
   - Krankenhaus-Tagegeld 50,00 € und ab 8. Tag Genesungsgeld
   - Tagegeld 35,00 €

   Ermitteln Sie die Leistungen des Versicherers und begründen Sie Ihre Entscheidung.

9. Erläutern Sie dem Kunden Werker den Unterschied zwischen einer Invaliditätsleistung – BU-Leistung und der Leistung aus einer Pflegeversicherung.

10. Für den Kunden Josef Vogel besteht eine Einzel-Unfallversicherung mit folgenden Leistungen

Tod	10 000,00 €	
Invalidität	100 000,00 €	Progression 350 %
Übergangsleistung	5 000,00 €	
KHTG	30,00 €	
Genesungsgeld	30,00 €	
Bergungskosten	50 000,00 €	
Kosmetische Operation	2 000,00 €	
Hauptfälligkeit	1. 4.	
Laufzeit	5 Jahre	

Zum 1. 4. erfolgt eine dynamische Anpassung von 5 %.

a) Ermitteln Sie die neuen Versicherungssummen.
b) Ermitteln Sie den neuen Jahresbeitrag inkl. Versicherungsteuer.
c) Welche Rechte hat der Kunde nach dieser Anpassung?
d) Wie oft kann der Kunde eine Anpassung ablehnen?

11. Ergänzen Sie folgende Tabelle
Versicherungssumme 200 000 €

Invaliditätsgrad	Tarif ohne Progression	Tarif mit 225 % Progression	Tarif mit 350 % Progression	Tarif mit 500 % Progression	klassische Mehrleistung	Mehr-Leistung 70 %
10						
30						
50						
70						
90						
100						

1.5 Formen der Unfallversicherung

▶ Situation

Sie lesen folgende Anzeige in einer Tageszeitung: „Wenn Sie zwischen 50 und 70 Jahre alt sind, bietet Ihnen die Proximus Versicherung eine private Unfallversicherung mit allen Vorteilen. Sie haben finanziellen Schutz und erhalten nach Ablauf der vereinbarten Vertragszeit alle Beiträge mit Gewinn zurück."

Kundenwünschen entsprechend haben die Unfallversicherer je nach Zielgruppe unterschiedliche Produkte entwickelt.

1.5.1 Einzel-Unfallversicherung

Unter einer Einzel-Unfallversicherung versteht man die Versicherung einer einzelnen Person. Sie ist die wichtigste Vertragsart der gesamten Unfallversicherung und umfasst normalerweise Unfälle des täglichen Lebens, also Unfälle innerhalb und außerhalb des Berufes. Die Einzel-Unfallversicherung wird im Allgemeinen von Personen beantragt, die einen individuell maßgeschneiderten Versicherungsschutz haben wollen.

1.5.2 Familien-Unfallversicherung

Quasi durch eine Bündelung von Einzelunfallversicherungen kann sich eine ganze Familie durch einen Vertrag versichern. Da das u. a. auch zu Kosteneinsparungen beim Versicherer führt, wird die Familien-Unfallversicherung preisgünstiger als der Einzel-Vertrag angeboten, um ca. 15 % geringer.

In der Einzel- und Familien-Unfallversicherung kann die beitragsfreie Kinder-Vorsorge-Unfallversicherung vereinbart sein:

Wird ein Kind geboren, ist das Kind 3 Monate lang beitragsfrei mit im Versicherungsschein festgelegten Summen mitversichert. Die Beitragsfreie Mitversicherung verlängert sich um 3 Monate, wenn die Geburt innerhalb der ersten 3 Monate angezeigt wird.

1.5.3 Kinder-Unfallversicherung

Kinder-Unfallversicherungen können für Kinder von Geburt an bei den meisten Unternehmen bis zum Alter von 16 Jahren abgeschlossen werden. Die günstigen Prämien werden nach einem speziellen Tarif berechnet. Mit Ablauf des Versicherungsjahres, in dem das Kind das 18. Lebensjahr vollendet, wird der Vertrag auf den Erwachsenen- oder Studententarif umgestellt.

Ziffer 6 AUB 2008

Ziffer 5.2.5 AUB 2008

In Abänderung der AUB sind bei Kindern bis 10 Jahre auch Vergiftungen infolge versehentlicher Einnahme von für Kinder schädlichen Stoffen mitversichert. Ausgeschlossen bleiben Vergiftungen durch Nahrungsmittel.

Die Mitversicherung eines Tagegeldes ist nicht möglich. Alle übrigen Leistungsarten werden auch in der Kinder-Unfallversicherung geboten. Bei Kindern bis zu 14 Jahren ist die Todesfallleistung in Höhe der Beerdigungskosten begrenzt.

Ziffer 11.7 AUB 2008

Beim Tod des Versicherungsnehmers wird die Unfallversicherung für das versicherte Kind bis zu dessen 18. Lebensjahr beitragsfrei fortgeführt, wenn der Versicherungsnehmer bei Beginn des Versicherungsschutzes das 50. Lebensjahr noch nicht vollendet hat.

Eine Nachuntersuchung zur endgültigen Feststellung des Invaliditätsgrades ist ab Unfalltag fünf Jahre lang möglich. Bei Minderjährigen hat eine kosmetische Operation vor Vollendung des 21. Lebensjahres zu erfolgen! Eine Vorsorgeversicherung für Neugeborene kann angeboten werden.

1.5.4 Senioren-Unfallversicherung

Diese Form der Unfallversicherung wurde speziell für Menschen ab 50 kreiert. Die Senioren-Unfallversicherung bietet ein umfangreiches Leistungspaket mit zahlreichen Extras sowie Pflege- und Hilfeleistungen.

Ohne den Unfallbegriff zu erfüllen, zählt ein Oberschenkelhalsbruch immer zu einem Unfall. Sie leistet auch bei Unfällen infolge eines Herzinfarkts oder Schlaganfalls. Ferner bietet diese Form weitere Extras:

- behindertengerechte Umbauten von Wohnungen und Kraftfahrzeugen bis 25 000 €
- medizinische Hilfsmittel bis 2 500 €
- ambulante Rehamaßnahmen bis 5 000 € nach einer Rehaberatung durch den Versicherer
- Taxifahrten/Transporte mit Krankenwagen zur ambulanten Weiterbehandlung bis 250 €

Zusätzliche Pflege- und Hilfsleistungen (Assistance-Leistungen) sind:

- Erstgespräch zur Feststellung des Pflegebedarfs
- Menüservice – auch für den Partner
- Hausnotrufservice
- Unterstützung bei Arzt- und Behördengängen
- Besorgung der Einkäufe
- Reinigung der Wohnung
- Versorgung der Wäsche
- ambulante häusliche Pflege
- Pflegeschulung für Angehörige
- Vermittlung einer Haustierbetreuung

Dieses Angebot gilt nach einem Unfall für sechs Monate ab Inanspruchnahme der Leistungen bis zu einer Gesamtsumme von z. B. 10 000 €.

Proximus Tarif 50

Ab Alter 50 ist nur dieser Tarif zulässig. Die Versicherung endet mit Vollendung max. des 80. Lebensjahres. Ab Alter 65 wird der Tarif 30/31 in diesen Tarif umgewandelt.

Bei Invalidität entsteht ein Rentenanspruch in vereinbarter Höhe nur bei AUB 2005, nach AUB 2008 eine Kapitalleistung. Als Zusatzleistungen werden angeboten:

- Bergungskosten bis z. B. 50 000 €
- Kosten für kosmetische Operationen bis z. B. 10 000 €
- Kurkostenbeihilfe, z. B. 3 000 €
- Oberschenkelhalsbruch

▶ Hinweis

Von Gesellschaft zu Gesellschaft können Leistungsunterschiede bestehen.

1.5.5 Gruppen-Unfallversicherung

Die Gruppen-Unfallversicherungsverträge stellt in aller Regel eine Unfallversicherung für fremde Rechnung dar. (Bei Proximus nicht im Angebot.) § 179 II VVG

Mindestens 3 Personen sind durch einen einzigen Versicherungsnehmer und in einem Versicherungsschein versichert. Die Prämie ist nach der Anzahl der versicherten Personen gestaffelt und niedriger als bei Einzelabschlüssen.

Gruppen-Unfallversicherungsverträge sind unter Gewährung von Sondervorteilen (Beitragsnachlässen) zulässig, wenn sie abgeschlossen werden vom

Arbeitgeber	zugunsten ➡	seiner Arbeitnehmer
Verein	zugunsten ➡	seiner Vereinsmitglieder
Veranstalter	zugunsten ➡	seiner Besucher

Der Deckungsumfang bei Verträgen, die der Arbeitgeber zugunsten seiner Arbeitnehmer abschließt, kann umfassen

▪ alle Unfälle innerhalb und außerhalb des Berufes ▪ nur Berufsunfälle oder Wegeunfälle	▪ nur Berufsunfälle unter Ausschluss der Wegeunfälle ▪ besondere Gefahren (z. B. Dienstreisen)

Bei der Vertragsgestaltung kann der Kunde wählen zwischen

Versicherung mit Namensnennung	**Versicherung ohne Namensnennung**
▪ jede VP wird namentlich erfasst	▪ Erfassung einer „Gruppe" des Betriebes (z. B. sämtliche Angestellte, Kraftfahrer usw.)
▪ Zu-/Abgänge müssen sofort angezeigt werden	▪ jährliche Ermittlung der durchschnittlich versicherten Personen
▪ unterschiedliche Versicherungssummen möglich	▪ Gruppen haben jeweils gleiche Versicherungssummen

Bei betrieblichen Versicherungen kann die Beitragsberechnung auch nach Lohn- oder Gehaltssumme erfolgen.

Lady-Unfallversicherung/Proximus

Besonders preisgünstiger Versicherungsschutz für alle Frauen bis 64 Jahre (Vollzeitschutz) mit Beitragsbefreiung bei Arbeitslosigkeit. Bei den Frauen ist es gleichgültig, ob berufstätig, ob Hausfrau, ob Schülerin, Auszubildende oder Studentin, dieser Tarif bietet nur feste Summenkombinationen mit progressiver Invaliditätsstaffel (Modell 500) an. Die Monatsbeiträge beinhalten den Ratenzuschlag und den Laufzeitrabatt.

1.5.6 Unfallversicherung mit Prämienrückgewähr

Die Unfallversicherung mit Prämienrückgewähr – auch UPR-Versicherung genannt – ist eine Kombination einer Risikounfallversicherung z. B. Kinderunfall, Familienunfall, Seniorenunfall und Einzelunfall und einer Kapitalversicherung. Der Versicherer macht die Zusage, unabhängig von einer eventuellen Unfall-Leistung während der Vertragsdauer, die eingezahlten kapitalbildenden Beiträge

▪ zu einem bei Vertragsabschluss vereinbarten Termin bzw. Teilauszahlungen oder	▪ beim Tod des Rückgewährträgers (= Person, auf deren Leben die UPR-Versicherung abgestellt ist)

in voller Höhe zu erstatten.

Unfallversicherungsschutz + Rückgewähr der gezahlten Beiträge ohne Ratenzuschläge und Versicherungssteuer + Überschussbeteiligung

Der Beitrag ergibt sich aus dem Grundbeitrag für eine entsprechende Risikoversicherung, der mit einem Faktor multipliziert wird. Der Faktor ermittelt sich aus dem Alter der zu versichernden Person und der Rückgewährdauer.

Leistungen während der Laufzeit des Vertrages haben keinen Einfluss auf Rückgewähr und Überschussbeteiligung. Stirbt die versicherte Person während der Laufzeit, werden die eingezahlten Beiträge zuzüglich Gewinnanteile ausgezahlt; bei Tod durch Unfall zusätzlich die versicherte Todesfallsumme.

Bei der UPR gegen Einmalbeitrag errechnet sich für den Kunden im Vergleich zur laufenden Beitragszahlung ein günstigerer Beitrag oder eine entsprechend höhere Leistung. Zudem bietet diese Variante Steuervorteile bei der Einzahlung, da der seit 1. 1. 2007 reduzierte Sparerfreibetrag entlastet wird.

Der Sparanteil wird vom Versicherer verzinslich angelegt. Der Rechnungszins beträgt anders als in der Lebensversicherung 3,25 % und deckt die Kosten und Risikoanteile ab. Ein darüber hinaus erwirtschafteter Überschuss wird dem Versicherungsnehmer in Form einer Überschussbeteiligung ausgezahlt, die im Rahmen des Alterseinkünftegesetzes zu versteuern sind. Um die Steuerlast zu reduzieren, wird die Auszahlung gestückelt und nach dem 60. Lebensjahr vorgenommen. Bei der Unfallversicherung mit Prämienrückgewähr müssen Kunden spätestens ab Juli 2008 Fakten zur Überschussentwicklung erhalten.

1.5.7 Ausschnittsversicherungen

Ausschnittdeckungen werden nicht von allen Versicherern angeboten, da es meist sinnvoller ist, eine „24-Stunden-Deckung" zu vereinbaren, die oft nur unwesentlich teurer ist.

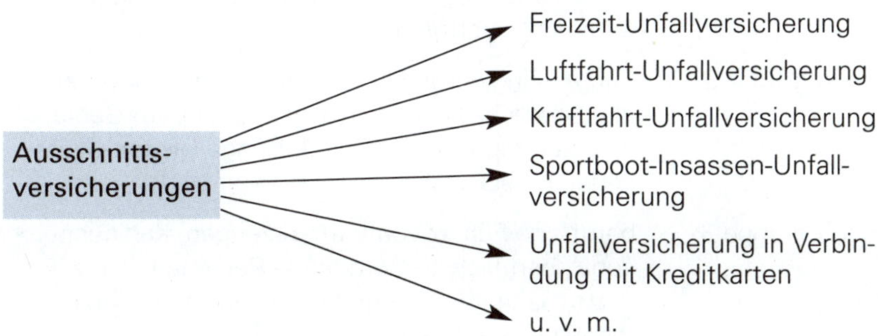

Freizeit-Unfallversicherung – Tarif 31

Diese Vertragsform deckt ausschließlich Unfälle außerhalb des Berufes und des direkten Weges zu und von der Arbeitsstätte. Maßgebend für die Abgrenzung zwischen Freizeit und Beruf sind die Bestimmungen des Sozialgesetzbuches über Berufsunfälle bzw. die entsprechenden beamtenrechtlichen Versorgungsvorschriften über Dienstunfälle.

Die Freizeit-Unfallversicherung kann daher nur abgeschlossen werden für berufstätige Personen, die der gesetzlichen Unfallversicherung oder den beamtenrechtlichen Versorgungsvorschriften für Dienstunfälle unterliegen. Sie kann z. B. nicht angeboten werden für

- Selbstständige
- Studenten
- Hausfrauen
- Arbeitslose
- Rentner

Luftfahrt-Unfallversicherung

Ziffer 5.1.4 AUB 2008

Wegen des erhöhten Risikos sind Luftfahrtunfälle für das Personal vom Versicherungsschutz in der normalen Unfallversicherung ausgenommen. Im Bedarfsfall kann der Versicherungsschutz gewährt werden über:

- den Deutschen Luftpool (DLP-Rückversicherungsgemeinschaft) für Flugzeugpersonal, Fallschirmspringer, Drachenflieger usw.
- die namentliche Luftfahrt-Unfallversicherung für Luftfahrzeugführer, Begleiter oder Fluggast
- die obligatorische Passagier-Unfallversicherung (OPUV), die Luftfahrtunternehmen für Fluggäste abschließen müssen
- eine Zuschlagsprämie in der üblichen Unfallversicherung (nicht bei Proximus)

Im Rahmen von Einzel- und Familienunfallverträgen kann das Luftfahrtrisiko gegen Zuschlag miteingeschlossen werden. Hierbei sind Höchstversicherungssummen zu beachten.

Einteilung der Luftfahrtunfallrisiken

Risikogruppe 1:	private Führer, Fluglehrer, Flugschüler von Flugzeugen, Drehflüglern, Motorseglern, Segelflugzeugen, Freiballonen, Luftschiffen und Ultraleichtflugzeugen (ohne Luftsportgeräte)
Risikogruppe 2:	Führer, Fluglehrer, Flugschüler, mitfliegende Person in ursächlichem Zusammenhang mit dem Gebrauch eines Luftsportgerätes (z. B. Hänge-Gleiter, Gleitsegel, Fallschirm)
Risikogruppe 3:	berufliche Führer von Luftfahrzeugen, Kabinenpersonal, beruflich an Bord tätige Personen, wie z. B. Ärzte, Sanitäter, Fotografen, technisches Personal (ohne Luftsportgeräte)

Kraftfahrt-Unfallversicherung

Versichert sind Unfälle, die der Versicherte in einem ursächlichen Zusammenhang mit dem Gebrauch des Fahrzeugs erleidet. Hierunter fallen das Lenken, Benutzen, Behandeln, Be- und Entladen, Abstellen sowie das Ein- und Aussteigen. § 16 ff. AKB

Die Insassen-Unfallversicherung bezieht sich immer auf ein bestimmtes Kraftfahrzeug. Sie gilt normalerweise für alle Insassen, kann jedoch auf einen bestimmten Personenkreis beschränkt werden, z. B. auf Berufsfahrer und Beifahrer.

Die Kraftfahrt-Unfallversicherung kann abgeschlossen werden nach dem

Pauschalsystem	Platzsystem
Die vereinbarten Versicherungssummen gelten pauschal für alle berechtigten Insassen, die sich zum Zeitpunkt des Unfalls im Kfz befinden, gleichgültig ob sie eine Verletzung erleiden oder nicht. Jede Person ist also mit dem der Anzahl der Insassen entsprechenden Teilbetrag der vereinbarten Versicherungssummen versichert. Bei 2 oder mehr berechtigten Insassen erhöhen sich die Versicherungssummen um 50 Prozent.	Jeder einzelne Platz des Fahrzeugs ist mit den gleichen Summen zu versichern. Der Platz des Lenkers kann ausgenommen werden. Für Berufs- und Beifahrer sind darüber hinaus noch besondere Formen der Insassen-Unfallversicherung möglich.

Der Unfallbegriff ist mit dem der privaten Unfallversicherung identisch. Als Unfall gilt auch, wenn durch eine erhöhte Kraftanstrengung an Gliedmaßen oder Wirbelsäule

- ein Gelenk verrenkt wird

  oder

- Muskeln, Sehnen, Bänder oder Kapseln gezerrt oder zerrissen werden

Versicherungsleistung

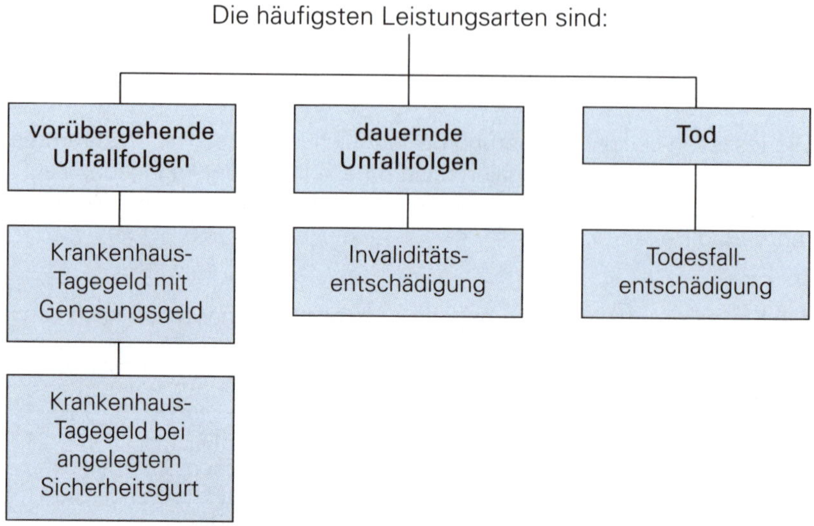

Krankenhaus-Tagegeld mit Genesungsgeld

§ 20 Abs. III AKB

Das Krankenhaus-Tagegeld wird für jeden Kalendertag gezahlt, an dem sich der Versicherte im Krankenhaus befindet, längstens jedoch für **2 Jahre**. Für die gleiche Anzahl von Kalendertagen erhält er Genesungsgeld nach Tagen gestaffelt, längstens jedoch für **100 Tage**.

Krankenhaus-Tagegeld bei angelegtem Sicherheitsgurt

§ 20 Abs. II AKB

Nach einer Sonderbedingung wird das Krankenhaus-Tagegeld auch dann gezahlt, wenn eine Kraftfahrt-Unfallversicherung ohne Krankenhaus-Tagegeld besteht und der versicherte Insasse eines **Pkw** zum Unfallzeitpunkt einen Sicherheitsgurt angelegt hat.

Leistung bei angelegtem Sicherheitsgurt: Krankenhaus-Tagegeld

- beträgt ⅓ ‰ der Todesfall- und Invaliditätssumme
- beträgt max. **50,00 €** pro Tag
- wird ab **3. Kalendertag** gezahlt (nicht am 1. und 2. Tag)
- wird für **max. 1 Jahr** gezahlt.

Invaliditätsentschädigung

§ 20 Abs. I AKB

Die Invalidität muss innerhalb **eines Jahres** nach dem Unfall eintreten sowie spätestens vor Ablauf einer Frist von weiteren 3 Monaten ärztlich festgestellt und geltend gemacht werden. Anhand einer Gliedertaxe oder den Bewertungsmerkmalen gem. Bedingung wird die Entschädigungshöhe errechnet.

Todesfallsumme

Führt der Unfall innerhalb eines Jahres zum Tode, wird die vereinbarte Todesfallleistung fällig. Ansonsten hat die versicherte Person Anspruch auf Invaliditätsentschädigung.

▶ Hinweis

Bei Versicherten unter **14 Jahren** beträgt die Höchstentschädigung im Todesfall **5 000,00 €**. Beim Pauschalsystem wird die „nicht verbrauchte" Versicherungssumme auf die Todesfallsummen der anderen versicherten Personen aufgeteilt. § 20 Abs. IV (2) AKB

▶ Beispiel

Herr Fischer hat eine Insassenunfallversicherung nach dem Pauschalsystem abgeschlossen, mit den Versicherungssummen

- 40 000,00 € für den Todesfall
- 80 000,00 € für den Invaliditätsfall

Bei einem Unfall werden ein Erwachsener und ein Kind schwer verletzt. Die weiteren zwei Erwachsenen bleiben unverletzt. Zum Schadenzeitpunkt waren alle Insassen angegurtet. Die Verletzten werden nach einem Krankenhausaufenthalt (vom 1. 9. bis 20. 9.) mit der Feststellung entlassen, dass vermutlich auf Dauer eine körperliche Beeinträchtigung in Höhe von jeweils 10 % verbleiben wird.

Welche Leistungen erhalten die einzelnen Verletzten im Rahmen der Insassenunfallversicherung ersetzt?

Lösung

Im Fahrzeug befinden sich vier Personen, sodass sich die Versicherungssumme um 50 % erhöht:

- 60 000,00 € für den Todesfall
- 120 000,00 € für den Invaliditätsfall

Die Invaliditätssumme pro Person beträgt (¼) 30 000,00 €. Bei einem Dauerschaden von 10 % erhält jeder Verletzte 3 000,00 €.

Da die Insassen angegurtet waren, wird in diesem Fall ein zusätzliches Krankenhaus-Tagegeld in folgender Höhe gezahlt:

- ⅓ ‰ von 180 000,00 € = 60,00 € Krankenhaus-Tagegeld
- anteilig beträgt das Krankenhaus-Tagegeld pro Person 15,00 €
- die Personen erhalten für 18 Tage (ab 3. Tag) ein Krankenhaus-Tagegeld in Höhe von jeweils 270,00 €.

Die Gesamtentschädigung pro Person beträgt 3 270,00 €.

Sportboot-Insassen-Unfallversicherung

Ähnlich wie in der Kraftfahrt-Unfallversicherung gibt es eine Insassen-Unfallversicherung für Sportboote. Versichert sind Unfälle bei Benutzung des Bootes, auf das sich die Versicherung bezieht. Der Versicherungsschutz beginnt mit dem Betreten des Bootes und endet mit dem Verlassen. Versicherungsschutz haben alle berechtigten Insassen, ausgenommen Personen, die beruflich mit der Pflege und Wartung des Bootes zu tun haben.

Diese Versicherung wird nur nach dem Pauschalsystem angeboten. Im Schadenfall wird die Versicherungssumme durch die Anzahl der zur Zeit des Unfalls sich im Boot befindenden Personen geteilt. Jede Person ist mit dem entsprechenden Teilbetrag versichert.

Unfallversicherung in Verbindung mit Kreditkarten

Kreditkarten erfreuen sich immer größerer Beliebtheit. Die Herausgeber bieten neben dem eigentlichen Zweck der Kreditkarte eine Reihe von Zusatzleistungen, u. a. auch Versicherungen. Fast alle Kreditkarten sind mit einer Unfallversicherung für den Kreditkarteninhaber und seine Familienangehörigen ausgestattet. Zu beachten ist allerdings, dass diese Unfallversicherung nur Teilbereiche der Unfallrisiken abdeckt und der Versicherungsschutz häufig vom Einsatz der Kreditkarte als Zahlungsmittel abhängt.

Der Umfang des Versicherungsschutzes, die Höhe der Versicherungssummen sowie die sonstigen Voraussetzungen können bei den einzelnen Kreditkarten je nach Herausgeber und Art der Kreditkarte unterschiedlich sein.

Eine Information über Art und Umfang der Kreditkarten-Unfallversicherung erhält der Karteninhaber bei Ausstellung der Kreditkarte durch den Herausgeber. Der Versicherungsbeitrag ist in der Gebühr für die Kreditkarte enthalten.

Weitere Versicherungsformen

Einige Versicherer bieten noch weitere Ausschnittsversicherungen an, die nur Teilbereiche der Unfallrisiken abdecken. Sie sind von ihrem Prämienvolumen her von untergeordneter Bedeutung, wie z. B. die

- Strahlen-Unfallversicherung
- Reise-Unfallversicherung
- Jagd-Unfallversicherung
- Reiter-Unfallversicherung

▶ Praxishinweis

Die Tarif- und Bedingungsfreiheit im EU-Binnenmarkt führt zu einer rapiden Weiterentwicklung der Produkt- und Tarifvielfalt. Qualitative Vergleiche zwischen den Angeboten werden dadurch für Kunden nicht unbedingt erleichtert.

So kann den Senioren eine spezielle Unfallversicherung mit normaler Beitragszahlung und mit Beitragsrückgewähr angeboten werden. Ferner wird der Einfluss von Alkohol unterschiedlich bewertet. Es existieren Tarife ganz ohne Promillebegrenzung. Darüber hinaus sehen manche Tarife auch Versicherungsschutz für Bewusstseinsstörungen durch (ärztlich verordnete) Medikamente vor, und auch Herzinfarkte, Schlaganfälle, die den ganzen Körper erfassen, sind eingeschlossen.

Übungen

1. Nach einem leichten, selbstverschuldeten Moped-Unfall im Freundeskreis diskutiert man die Unfallgefahr.

   Wie argumentieren Sie bei dem Einwand: „Ich bin sehr vorsichtig und benötige keinen zusätzlichen Unfallversicherungsschutz"?

2. Welche besonderen Vorteile bietet die so genannte Kinder-Vorsorge-Unfallversicherung?

3. Beim Abschluss einer Kinderunfallversicherung spielt das Alter des Kindes eine besondere Rolle – beantworten Sie folgende Fragen:

   a) In welcher Altersspanne ist der Vertragsabschluss möglich?
   b) Bei welchem Alter des Kindes ist die Umstellung auf „Normaltarif" erforderlich?
   c) Wann genau erfolgt die Umstellung?
   d) Welche Leistung wird bei Kindern der Höhe nach begrenzt?
   e) Welche Besonderheiten in der Leistungserbringung sieht die Kinderunfallversicherung vor?

4. In einem Beratungsgespräch erkennen Sie, dass der Kunde daran interessiert ist, die eingezahlten Versicherungsbeiträge zurückzuerhalten.

   Welches Angebot unterbreiten Sie?

5. Welche Formen von Ausschnittsversicherungen werden durch Ihr Unternehmen in der Unfallversicherung angeboten?

6. Ein Druckereibetrieb hat fünf festangestellte kaufmännische Mitarbeiter und im Jahresdurchschnitt 20 gewerbliche Mitarbeiter. Der Betrieb erbittet ein Angebot für eine Gruppen-Unfallversicherung. Erläutern Sie dem Geschäftsführer die vertraglichen Gestaltungsmöglichkeiten.

7. Herr Peter Hammer ist in Ihre Nachbarschaft gezogen. Bei Durchsicht seiner Versicherungsunterlagen stellen Sie fest, dass im Rahmen der Kfz-Versicherung eine Insassen-Unfallversicherung besteht.

   Sie möchten gerne den Versicherungsschutz ergänzen bzw. ersetzen und empfehlen den Abschluss einer Familien-Unfallversicherung. Herr Hammer möchte gerne wissen, welche Vorteile mit dem Wechsel verbunden sind.

8. Informieren Sie sich in Ihrem Unternehmen bzw. bei Ihrem Kooperationspartner über die Senioren-Unfallversicherung:

   - Aufnahmealter
   - Leistungen
   - Prämie

9. Der Kunde Müller ruft Sie am 22. November 2007 an:

Er hat geheiratet und wünscht Unfallschutz für seine Ehefrau und deren 12-jährige Tochter. Der Versicherungsschutz für die Familie soll, soweit möglich, die gleichen Leistungen wie für den Versicherungsnehmer Müller beinhalten, allerdings sollen zusätzlich kosmetische Operationen bis 10 000 € für die Ehefrau eingeschlossen werden. Frau Müller arbeitet als kaufmännische Angestellte. Für alle soll die 350-Progression gelten.

Ihnen liegen folgende Vertragsdaten vor:

	Einzelunfallversicherung
Versicherungsnehmer:	Müller, Uwe
Geburtsdatum:	15. 6. 1973
Beruf:	Maurer
Beginn:	1. 4. 2004
Ablauf:	1. 4. 2009
Zahlungsweise:	jährlich
Fälligkeit:	1. April
Versicherte Person:	Müller, Uwe
Invalidität:	50 000 € 225 % Progression
Übergangsleistung:	–
Tagegeld:	20 € ab 15. Tag
Krankenhaus-Tagegeld:	30 €
Genesungsgeld:	–
Todesfall-Leistung:	–

a) Berechnen Sie den alten Jahresbeitrag einschließlich Versicherungssteuer 19 % für Herrn Uwe Müller.
b) Welche Form der Unfallversicherung bieten Sie Herrn Müller an?
c) Berechen Sie den Nachbeitrag einschließlich Versicherungssteuer 19 % bei einer Änderung zum 7. Dezember 2007.

1.6 Tarif – Rechtsgrundlagen

▶ Situation

Familie Winter (Vater, Mutter, zwei Kinder und Oma) möchten gemeinsam eine Unfallversicherung abschließen und haben Sie um ein Beratungsgespräch gebeten. Welche rechtlichen und versicherungstechnischen Aspekte müssen Sie bei der Antragsaufnahme beachten? Bereiten Sie das Kundengespräch vor.

1.6.1 Antragsaufnahme

Die gewünschte Unfallversicherung beantragt der Versicherungsnehmer (Antragsteller) im Internet „Online" oder auf einem Antragsvordruck für z. B. die Einzel- oder Familien-Unfallversicherung.

Die Angaben des Antragstellers sollen darüber Aufschluss geben, welches Risiko zu übernehmen ist. Deshalb sind alle Fragen eindeutig zu beantworten. Der unterschriebene Antrag dient zum Beweis des Rechtsverhältnisses zwischen dem Versicherungsnehmer und dem Versicherer.

Der Antrag muss vom Versicherungsnehmer (Antragsteller) und, sofern sie nicht mit dem Versicherungsnehmer identisch ist, auch von der namentlich zu versichernden Person oder den Personen unterschrieben werden.

§§ 1643 BGB
1822 Nr. 5

Verträge mit **Minderjährigen** können wirksam nur mit vormundschaftsgerichtlicher Genehmigung abgeschlossen werden. Deshalb sind bei Versicherungen minderjähriger Personen die Verträge nur mit einem gesetzlichen Vertreter als Versicherungsnehmer einzugehen.

Abschluss des Vertrages und Annahmefrist/Widerrufsrecht

Der Versicherer vereinbart i. d. Regel eine Annahmefrist von 1 Monat.

§ 7 (1) VVG

Der Versicherer ist verpflichtet, dem Versicherungsnehmer Verbraucherinformationen mit wichtigen Erläuterungen zum Vertrag zukommen zu lassen, und zwar Informationen zum Versicherungsvertrag und Informationen zum Produkt.

§ 8 VVG

Der Versicherer hat dem Versicherungsnehmer rechtzeitig vor Abgabe von dessen Vertragserklärung seine Vertragsbestimmungen und Informationen gemäß § 7 (2) VVG in Textform mitzuteilen.

Bei „Online-Abschlüssen" ist auch ein elektronischer Versand per E-Mail möglich. Der Versicherungsnehmer kann seinen Vertrag innerhalb von 2 Wochen nach Aushändigung der Informationen widerrufen.

Auf das Widerrufsrecht muss der Versicherer den Versicherungsnehmer schriftlich hinweisen. Macht er das nicht, kann der Versicherungsnehmer auf unbegrenzte Zeit widerrufen (ewiges Widerrufsrecht). § 8 VVG

Beginn der Widerrufsfrist:

Versicherungsinformationen + Police + Belehrung

Gewährt der Versicherer auf Wunsch des Antragstellers sofortigen Versicherungsschutz vor Abschluss des endgültigen Vertrags, so kann der Versicherungsnehmer diesen vorläufigen Versicherungsschutz nicht widerrufen. Ebenso bei Verträgen mit einer Laufzeit von weniger als einem Monat. Ein schriftlicher Verzicht auf die Aushändigung der Infos ist erlaubt. § 8 (3) VVG

1.6.2 Vertragsgrundlagen – Proximus

- Antrag
- Nacherklärungen
- AUB 2008
- Leistungsverbesserungen und Erweiterungen zu den AUB 2008
- Zusatzbedingungen für die beitragsfreie Kinder-Vorsorge-Unfallversicherung
- Tarifbeschreibungen
- VVG (neu)
  Allgemeiner Teil §§ 1–73
  Unfallversicherung §§ 178–191
- BGB
  z. B. Verträge Minderjähriger
  Anfechtung von Verträgen

Mit seiner Unterschrift akzeptiert der Versicherungsnehmer die Erklärung zur Entbindung von der Schweigepflicht und die Einwilligungsklausel nach dem Bundesdatenschutzgesetz.

Durch die Entbindung von der Schweigepflicht wird der Versicherer in die Lage versetzt, das zu übernehmende Risiko und seine Leistungspflicht zu beurteilen.

Mit der Datenschutzklausel willigt der Versicherungsnehmer ein, dass der Versicherer im erforderlichen Umfang persönliche Daten an bestimmte Stellen weiterleiten darf. Andererseits schützt die Datenschutzklausel den Versicherungsnehmer und die versicherte Person aber auch vor einem Datenmissbrauch.

Bezugsrecht

Es ist, wie in der Lebensversicherung zweckmäßig, im Antrag eine oder mehrere Personen als Bezugsberechtigte im Todesfall mit Namen und Geburtsdatum festzulegen. Allgemeine Angaben wie „die gesetzlichen Erben" sind zu vermeiden, um Erbstreitigkeiten bezüglich der Unfallleistung auszuschalten. § 185 VVG mit Verweis auf §§ 159, 160 VVG

1.6.3 Aufnahmealter, Altersstufen

Die private Unfallversicherung kann für jedermann von Geburt an abgeschlossen werden.

Damit wird allen Altersgruppen die Möglichkeit geboten, sich vor den finanziellen Folgen eines Unfalls abzusichern.

Ausgenommen sind lediglich Personen, die an Geisteskrankheit leiden oder dauernd pflegebedürftig sind. „Dauernd pflegebedürftig" bedeutet, dass die Verrichtungen des täglichen Lebens, wie z. B. Waschen, Anziehen und Essen, überwiegend nicht ohne fremde Hilfe bewältigt werden können.

In der Kinder-Unfallversicherung besteht Aufnahmefähigkeit nach der Geburt bis zum Eintrittsalter von 16 Jahren. Der Vertrag wird zum vereinbarten Beitrag bis zum vollendeten 18. Lebensjahr fortgeführt und danach zum Ende der Versicherungsperiode auf den „Normaltarif" umgestellt.

Versichert werden Personen ab Vollendung der Geburt bis zum vollendeten 80. Lebensjahr (bei Tarif 50 Proximus). Ab Alter 65 wird der Tarif 30/31 in diesen Tarif umgewandelt. Durch die „alternde Gesellschaft" werden sich auch hier Verschiebungen beim Höchstalter ergeben.

Alter	Bedeutung für die Unfallversicherung
Geburt	Abschluss einer Kinder-Unfallversicherung
10 Jahre	Ende des Einschlusses von Vergiftungen in der Kinder-Unfallversicherung
14 Jahre	Begrenzung der Todesfallsumme – Beerdigungskosten
17 Jahre	Maximales Eintrittsalter Kinder-Unfallversicherung
18 Jahre	Bedingungsgemäßes Ende des Kinder-Unfallversicherungstarifes – Umstellung auf Erwachsenentarif zum Ende der laufenden Versicherungsperiode
50 Jahre	Tarif 50
65 Jahre	Umwandlung in Tarif 50
80 Jahre	Tarif 50 endet

1.6.4 Gesundheitsverhältnisse

Grundsätzlich werden nur gesunde Personen versichert. Aber auch Personen, die mit körperlichen Fehlern oder Krankheiten behaftet sind oder Krankheiten durchgemacht haben, die Rückfälle oder Verschlimmerungen durch einen Unfall befürchten lassen, können gegebenenfalls zu besonderen Bedingungen und gegen einen Beitragszuschlag versichert werden.

Bei anomalen Risiken verlangen die Versicherer Zusatz- und Ergänzungserklärungen zum Antrag auf Unfallversicherung. Zu folgenden Punkten werden Angaben erbeten:

- Zweck der Unfallversicherung
- sozialer Status des Antragstellers und Jahreseinkommen
- Vor- bzw. Parallelversicherungen
- Fragen zur Tätigkeit, zu gefährlichen Sportarten sowie zu gefährlichen Reiseunternehmungen
- genauere Fragen zu Gebrechen und Leiden
- Sehvermögen – insbesondere bei Kurzsichtigkeit
- Medikamenteneinnahme – insbesondere Blutverdünner
- Pflegebedürftigkeit
- HIV-Infektion
- Schwerbehindertenausweis

Diese Zusatz- und Ergänzungserklärungen werden wesentliche Bestandteile des Antrages. Personen mit erheblichen Krankheiten oder Gebrechen (z. B. Diabetiker, Epileptiker, Kurzsichtige ab 8 Dioptrien) werden nur eingeschränkt versichert.

Nicht versichert werden, wie bereits erwähnt, Personen, die dauernd pflegebedürftig sind sowie Geisteskranke. Der Versicherungsschutz erlischt, sobald die versicherte Person im o. g. Sinne nicht mehr versicherbar ist. Gleichzeitig endet die Versicherung, wobei die Beiträge anteilig erstattet werden. nur AUB 2005

1.6.5 Wagnisgruppen

▶ Situation

In einem Beratungsgespräch erläutern Sie dem Meister einer Kfz-Werkstatt die Höhe des zu zahlenden Beitrags. Daraufhin entgegnet er, dass ein Bekannter, der einen Unfallversicherungsvertrag mit ähnlichen Versicherungssummen und Leistungen abgeschlossen hat, nur fast die Hälfte des genannten Beitrags zu zahlen hätte.

Wie erklärt sich dieser mögliche Unterschied?

▶ Erläuterung

In der Einzel- und Gruppen-Unfallversicherung (Ausnahme: Ausschnittsversicherung) gilt eine Gefahrengruppen-Einteilung nach der beruflichen Tätigkeit, die die Höhe des Versicherungsbeitrages bestimmt. Tarif Proximus

Gefahrengruppe A	Gefahrengruppe B
Personen mit kaufmännischer oder verwaltender Tätigkeit im Innen- oder Außendienst, leitend oder Aufsicht führend im Betrieb, tätig im Laden, Labor (ohne Tätigkeit mit ätzenden, giftigen, leicht entzündlichen, explosiven Stoffen), im Gesundheitswesen oder in der Schönheitspflege, Fotografen, Künstler, Optiker, Rechtsanwälte, Reporter, Schneider, Studenten und Uhrmacher, **alle weiblichen Personen** sowie alle Personen ohne Beschäftigung.	Personen mit körperlicher oder handwerklicher Berufstätigkeit, wenn auch nur gelegentlich tätig; Tätige mit ätzenden, giftigen, leicht entzündlichen oder explosiven Stoffen; Tätige auf Bauten, Gerüsten und unter Tage (auch Aufsicht führend); Tänzer, Tierärzte, Turn-, Sport- und Tanzlehrer; im Außendienst Tätige; Angehörige der Forst-, Steuer- und Zollverwaltung; Berufskraftfahrer und in der Landwirtschaft tätige Personen.

Da der Kfz-Meister eine handwerkliche Berufstätigkeit ausübt, sind seine Beiträge aufgrund der Unfallgefahr auch höher. Ein Prämienzuschlag von 50 % wird bei Proximus erhoben.

Individuelle Beitragsberechnungen sind bei allen Personen mit besonders gefährdeter Tätigkeit erforderlich, z. B. Sprengpersonal, Taucher, Artisten, Tierbändiger, Berufs-, Lizenz- und Amateursportler (dies gilt auch für Frauen).

1.6.6 Änderung der Berufstätigkeit

Ziffer 6.2.1 AUB 2008

Während der Vertragsdauer eintretende Änderungen der Berufstätigkeit oder Beschäftigung des Versicherten sind dem Versicherer unverzüglich anzuzeigen. Grundlage für die Bemessung der Beiträge ist das geltende Berufsgruppenverzeichnis der Proximus Versicherung.

Eine Änderung muss unverzüglich mitgeteilt werden, weil die Höhe der Versicherungssummen bzw. des Beitrages von diesen Umständen abhängt. Dies gilt nicht für Pflichtwehrdienst, Zivildienst oder militärische Reserveübungen.

Ziffer 6.2.2 AUB 2008

Ergeben sich für eine neue Berufstätigkeit oder Beschäftigung des Versicherten nach dem zur Zeit der Änderung gültigen Tarif niedrigere Versicherungssummen, gelten diese nach Ablauf eines Monats ab der Änderung.

Errechnen sich dagegen höhere Versicherungssummen, gelten diese nach Ablauf eines Monats seit der Änderung.

Ziffer 6.2.3 AUB 2008

Auf Wunsch des Versicherungsnehmers kann der Vertrag auch bei gleich bleibenden Versicherungssummen mit erhöhtem oder verringertem Beitrag fortgesetzt werden, sobald die Erklärung dem Versicherer zugeht.

1.6.7 Bedarfsermittlung

Das Vorliegen eines Unfalles ist eine notwendige Voraussetzung, dass überhaupt eine Leistungsverpflichtung seitens des Versicherers eintritt; was dann aber gezahlt wird, bestimmt die versicherte Leistungsart und deren Versicherungssummen.

Versichert werden können

- Invalidität
- Übergangsleistung
- Tagegeld
- Krankenhaus-Tagegeld mit und ohne Genesungsgeld
- Todesfallleistung
- Unfallrente
- Oberschenkelhalsbruch
- Kurkostenbeihilfe
- kosmetische Operationen
- Bergungs- und Rettungskosten
- Assistance-Leistungen

Alle Leistungsarten werden nur in Verbindung mit Invalidität versichert. Invalidität kann zwar allein versichert werden, es sollte jedoch eine Todesfallsumme mit vereinbart werden, damit eine Invaliditätsleistung innerhalb eines Jahres nach Eintritt des Unfalls beansprucht werden kann, wenn das Heilverfahren noch nicht abgeschlossen ist.

Die Versicherungssumme für die Übergangsleistung soll z. B. nicht mehr als 10–15 % der Invaliditätssumme, höchstens 20 000,00 € bis 30 000,00 €, betragen.

Das Tagegeld darf nicht mehr als ⅓ Promille der Summe für Invalidität und Tod zusammen, höchstens 50,00 €, betragen, soweit in den einzelnen Tarifarten nichts anderes geregelt ist.

Krankenhaus-Tagegeld und Genesungsgeld kann auch neben Tagegeld versichert werden, darf aber nicht mehr als 1 Promille der versicherten Summe für Invalidität und Tod zusammen, höchstens 25,00 €–200,00 € je nach Tarif betragen, soweit in den einzelnen Tarifarten nichts anderes bestimmt ist.

Die Todesfallsumme sollte nicht höher als die versicherte Invaliditätssumme sein.

▶ **Beispiel**

Herr Meister hat sich mit 150 000,00 € für den Invaliditätsfall ohne Progression versichert. Bei einem Unfall wird ein Fuß so schwer verletzt, dass er im Fußgelenk amputiert werden muss. Darüber hinaus wird die Gebrauchsfähigkeit einer Hand dauerhaft um ⅗ beeinträchtigt. Die Invaliditätsleistung errechnet sich dann wie folgt:

für den Fuß:	40 % der Versicherungssumme	= 60 000,00 €
für die Hand:	3/5 von 55 % = 33 % der Versicherungssumme	= 49 500,00 €
insgesamt	73 % der Versicherungssumme	= 109 500,00 €

Herr Meister bekommt demnach 109 500,00 € Invaliditätsleistung.

Es ist wichtig, dem Kunden im Beratungsgespräch zu verdeutlichen, welche Auswirkungen eine zu niedrig gewählte Versicherungssumme hat. Hätte sich Herr Meister nur mit 30 000,00 € versichert, würde er auch nur 21 900,00 € Leistung erhalten. Dieser Betrag würde seiner lebenslänglichen Behinderung nicht gerecht.

Soweit Kunden sich nicht für eine Kombinations-Unfallversicherung entscheiden, können für die Bestimmung der Invaliditäts-Versicherungssumme folgende Orientierungsdaten helfen:

Alter bei Vertragsschluss	**Versicherungssumme**
um 20 Jahre	sechsfaches Jahreseinkommen
um 30 Jahre	fünffaches Jahreseinkommen
um 40 Jahre	vierfaches Jahreseinkommen
um 50 Jahre	dreifaches Jahreseinkommen

Bei einem kaufmännischen Angestellten, 30 Jahre alt, mit einem Jahreseinkommen von 30 000,00 € könnte demnach eine Vertragsgestaltung wie folgt aussehen:

Invalidität – Spitzenprogression	150 000,00 €
Tod	75 000,00 €
Krankenhaus-Tagegeld	50,00 €
Übergangsentschädigung	15 000,00 €

Ein anderer Ansatz zur Summenermittlung ist die Bestimmung der Versorgungslücke in Form der Ermittlung der Differenz zwischen dem aktuellen Nettoeinkommen und den Ansprüchen bei Erwerbsunfähigkeit (EU) bzw. 100%iger Minderung der Erwerbsfähigkeit (MdE). Kommt es zu einem Berufsunfall, treffen die Renten aus der gesetzlichen Rentenversicherung (GRV) und der gesetzlichen Unfallversicherung (GUV) aufeinander, wobei der Unfallversicherungsträger vorrangig leistet. Die Leistung der Rentenversicherung ruht gegebenenfalls, da beide Renten einen bestimmten Höchstbetrag nicht überschreiten dürfen.

Bestimmte Leistungen bleiben bei Ermittlung der Summe der zusammentreffenden Renten unberücksichtigt: Bei der Verletztenrente der Unfallversicherung der Teil, der bei gleichem Grad der Erwerbsminderung als Grundrente nach dem Bundesversorgungsgesetz (BVG) geleistet würde. So wird erreicht, dass Betroffene mit gleichem Bruttoverdienst als Schwerbehinderte im Vergleich zu Leichtbehinderten eine höhere Gesamtleistung erhalten.

▶ **Beispiel**

monatliches Bruttoeinkommen	2 000,00 €
13 Gehälter	26 000,00 €
GUV-Rente (100 % MdE)	1 444,45 €
GRV-Rente (EU)	1 433,40 €
(40 Entgeltpunkte × aktueller Rentenwert)	
100 % MdE/EU	1 016,67 €
(Grenzbetrag: 70 % JAV × Rentenfaktor: 12	
nicht berücksichtigte Grundrente	557,50 €
max. Rente (GRV + GUV)	2 024,00 €
Versorgungsziel bei Freizeitunfall	2 074,17 €
GRV-Rente (EU) nach Freizeitunfall	– 933,40 €
Versorgungslücke	1 140,77 €

1.6.8 Beitragsberechnung

Tarifauszug zur Unfallversicherung – Proximus

Versicherungsumfang

- Vollzeitschutz

Unfälle innerhalb und außerhalb des Berufes, Unfälle des täglichen Lebens in der ganzen Welt.

- Teilzeitschutz
- Freizeitschutz für Berufstätige bis 64 Jahre

Aufnahmealter/versicherbarer Personenkreis

Tarifart Erwachsene – Tarif 30, 31 und 40

Die Versicherung kann für Personen vom vollendeten 18. bis zum vollendeten 64. Lebensjahr abgeschlossen werden.

Tarifart Kinder – Schüler Tarif 10 und 20

Tarif 10 – Kinder ab Vollendung der Geburt bis zum 16. Lebensjahr, Tarif 20 – Schüler und Studenten ab dem vollendeten 16. Lebensjahr bis zur Aufnahme einer Berufstätigkeit – auch einer Nebentätigkeit.

Ziffer 6.1 AUB 2008

Tarifart Senioren – Tarif 50

Der Tarif gilt ab dem Alter 50 und endet mit Vollendung des 80. Lebensjahres. Diesser Tarif beinhaltet Zusatzleistungen.

Die Beitragssätze entnehmen Sie dem Bedingungswerk der Proximus Versicherung.

Personennachlass ab 3 Personen
Tagegeld ab dem 8. bzw. 15. Tag nur für erwerbstätige Personen
Tarifgruppe B Beiträge erhöhen sich um 50 %
Dauernachlass 10 % ab 3 Jahre
Standardangebot für Frauen Lady-Tarif
Mindestbetrag 30,00 € p. a. 2,50 € monatlich
Ratenzuschläge 1/2 jährlich 3 % 1/4 jährlich 5 % monatlich 5 %
Versicherungssteuer 19 % bzw. 3,8 %

▶ Beispiel 1

Herr Mahler, Hausmann, beantragt eine Einzel-Unfallversicherung mit einer vierteljährlichen Zahlweise. Jahresvertrag – Tarif 40

Leistungsarten			
100 000,00 €	Invalidität mit Progression 225 %	zu 1,2 ‰	120,00 €
10 000,00 €	Übergangsleistung	zu 2,21 ‰	22,10 €
50,00 €	Krankenhaus-Tagegeld	zu 0,69 €	34,50 €
			176,60 €
	zuzüglich 5 % Ratenzuschlag		8,83 €
			185,43 €
	vierteljährlich		46,35 €
	gesetzliche Versicherungssteuer (derzeit 19 %)		8,81 €
			55,17 €

▶ Beispiel 2

Herr Fischer, 58 Jahre, Berufskraftfahrer, beantragt für seine Frau, 52 Jahre, Hausfrau und für sich eine Familien-Unfallversicherung mit einer monatlichen Zahlweise. 3-Jahresvertrag. Beide wünschen Versicherungsschutz rund um die Uhr.

Ziffer 10.2 AUB 2008

Leistungsarten
Ehefrau Lady-Tarif:

50 000,00 €	Invalidität mit Progression 350 %	9,60 €
25 000,00 €	kosmetische Operationen	
10 000,00 €	Tod	
20,00 €	Krankenhaus-Tagegeld	

Versicherungsnehmer (Gefahrengruppe B):

		Tarif	mit Zuschlag	
100 000,00 €	Invalidität mit Progression 350 %	2,69 ‰	4,035 ‰	403,50 €
10 000,00 €	Tod	1,65 ‰	2,475 ‰	24,75 €
50,00 €	Krankenhaustagegeld	1,10 €	1,65 €	82,50 €
				510,75 €
	Dauerrabatt 10 %			51,08 €
				459,67 €
	zuzüglich 5 % Ratenzuschlag			22,98 €
				482,65 €
	monatlich Mann			40,22 €
	monatlich Frau			9,60 €
				49,82 €
	gesetzliche Versicherungsteuer (derzeit 19 %)			9,47 €
	gesamter Monatsbeitrag			59,29 €

Übungen

1. Aufgabe

Unfallversicherung Familie Berger

Unfallversicherung Antragsnummer	121-345999-45699
Versicherungsnehmer	Berger
Vorname	Wolfgang
Straße	Kranichstr. 55
Postleitzahl und Wohnort	50375 Frechen
Telefon	03345-78445
Vertragsbeginn und Ende	1. 2. 2008 1. 2. 2011
Laufzeit des Vertrages	3 Jahre
Prämienzahlung	jährlich
Einzugsermächtigung	KSK Köln Nr. 33458789 BLZ 37010050
Begünstigung im Todesfall	gültiger Ehepartner, Sohn

Versicherte Person	Wolfgang	Astrid	Tobias
Geburtsdatum	13. 3. 1979	23. 9. 1976	19. 4. 1999
Beruf	Mitarbeitender Kfz-Meister	Hausfrau	Schüler
Gefahrengruppe			
Tarif			
Leistungen im Versicherungsfall			
Todesfallleistung	– €	10 000,00 €	5 000,00 €
Invaliditätsleistung	200 000,00 €	50 000,00 €	100 000,00 €
Übergangsleistung	10 000,00 €	– €	5 000,00 €
Krankenhaus-Tagegeld	20,00 €	20,00 €	10,00 €
Tagegeld ab 8. Tag	50,00 €	– €	– €
Kosmetische Operationen	– €	25 000,00 €	– €
Bergungskosten	50 000,00 €	50 000,00 €	50 000,00 €
Bedingungswerk	AUB 2008		
Sonderbedingungen	Kinder-Vorsorge-Unfallversicherung		
Dynamik	Lt. AUB 2008		
Gefährliche Sportarten	Ballonfahren	Skirennen	Tennis
Gebrechen und Leiden	Brille 2 Diopt.	Migräne	Diabetiker

Unfälle	Autounfall	keine	keine
Progression	225 %	500 %	350 %
Kundennummer	121-45759-8899		
Bemerkungen	Leistungserweiterungen und Leistungsverbesserungen zu den AUB haben Gültigkeit		

a) Nehmen Sie die Antragsprüfung vor.
b) Nehmen Sie Stellung zu Leiden und Sportarten.
c) Errechnen Sie die Jahresprämie einschließlich Versicherungssteuer.
d) Weshalb sollte eine hohe Progression vereinbart werden?
e) Bestimmen Sie die maximale Invaliditätsleistung bei einem Invaliditätsgrad von:

Invaliditätsgrad	Wolfgang	Astrid	Tobias
20 %			
40 %			
60 %			
70 %			
100 %			

f) Bei welchen der vereinbarten Leistungsarten gibt es evtl. Überschneidungen mit anderen Versicherungen?

2. Aufgabe

Sie haben den Agenturbestand auf mögliche Versorgungslücken bei Unfällen mit einem geeigneten Hilfsprogramm selektiert. Folgende Personen wurden in einer Trefferliste ermittelt:

Single Lydia Sommer, 28 Jahre alt
Ehepaar Paul und Petra Winter, über 60 Jahre
Schüler Albert Flöter, 14 Jahre
Studentin Regina Beckermann, 19 Jahre
Hausmann Ludwig Koll, 44 Jahre
Handelsvertreter Jakob Gardon, 55 Jahre
Freizeitsegler Detlef Kasten, 33 Jahre
Rennfahrer Gustav Weck, 28 Jahre

a) Stellen Sie die Unfallgefahr in den einzelnen Lebensbereichen dar.
b) Welchen Proximus-Tarif würden Sie unter Berücksichtigung der Kundensituation anbieten?
c) Welche Kernleistung und in welcher Höhe sollte sie den Kunden angeboten werden?

3. Aufgabe

Ihr neuer Kunde Heribert Degenhardt hat sich soeben zum Abschluss einer privaten Einzelunfallversicherung entschieden und füllt mit Ihnen gemeinsam das Antragsformular aus. Er ist 28 Jahre alt und Fliesenleger von Beruf. Bruttoeinkommen 40 000,00 € p. a. Bevor er unterschreibt, hat er noch einige Fragen zur beantragten Unfallversicherung:

a) Weshalb muss ich einen Zuschlag zahlen?
b) Welche Auswirkungen haben Krankheiten und Gebrechen auf die Unfallversicherung?
c) Welche Bedeutung hat meine Kurzsichtigkeit von 3 Dioptrien?
d) Welche Auswirkungen haben Sportarten auf diese Unfallversicherung?
e) Weshalb ist es für mich günstig einen 3-Jahresvertrag abzuschließen?
f) Kann ich bei Heirat meine Frau und Kinder in den Vertrag einschließen?
g) Was passiert im Alter mit dieser Unfallversicherung?
h) Welche Auswirkung auf den Vertrag hat die Dynamik?
i) Wie hoch ist die Versicherungssumme für die Invaliditätsleistung bei einer Nettojahresprämie von ca. 300,00 € mit 500er Progression (Versicherungssumme auf volle 1 000 € aufrunden)?
Hinweis: Zuschlag und Rabatt berücksichtigen

Informieren Sie Herrn Degenhardt umfassend.

4. Aufgabe

Sie bereiten eine Unfallschulung Ihrer Kolleginnen und Kollegen vor. Ein Punkt Ihrer Präsentation lautet „Leistungsarten der Unfallversicherung und Überschneidungen mit anderen Produkten der Proximus Versicherung".

a) Erläutern Sie die Leistungsarten der AUB 2008.

b) Stellen Sie unter Berücksichtigung der Vor- und Nachteile Überschneidungen mit anderen Produkten dar.

5. Aufgabe

In einem Kundenberatungsgespräch möchte Herr Gehlen von Ihnen gerne den Unterschied zwischen einer gesetzlichen und einer privaten Unfallversicherung erfahren, da er bereits gesetzlich versichert ist. Herr Gehlen vertritt sogar die Meinung, dass die gesetzliche Unfallversicherung ausreichenden Schutz bietet und eine private Unfallversicherung zu einer Doppelversicherung führt.

a) Verdeutlichen Sie Herrn Gehlen die Unterschiede anhand von fünf Aspekten.
b) Wo ereignen sich die meisten Unfälle?
c) Welche Leistung erbringt die gesetzliche Unfallversicherung?

6. Aufgabe

Der Kunde Berger fragt an, ob die Möglichkeit besteht, die soeben geborene Tochter Agnes in die Unfallversicherung „aufzunehmen".

Beschreiben Sie die Versicherungsfähigkeit und die Vertragsgestaltung.

7. Aufgabe

Erläutern Sie die Auswirkungen einer Änderung der Berufstätigkeit eines VN auf den Vertrag und die evtl. Leistung.

8. Aufgabe

Ihre Kundin Katja Schmidt interessiert sich für den Abschluss einer Unfallversicherung. Sie ist 23 Jahre alt, studiert im 5. Semester Medizin und ist begeisterte Bergsteigerin. Sie wünscht folgende Leistungen:

Invalidität mit 350 % Progression	50 000,00 €
Tagegeld ab dem 15. Tag	30,00 €

Erstellen Sie ein Angebot bei ¼-jährlicher Beitragszahlung zuzüglich Versicherungssteuer.

9. Aufgabe

Seit 10 Jahren besteht eine Kinder-Unfallversicherung mit folgenden Leistungsarten:

Invalidität	25 000,00 €
Todesfallsumme	5 000,00 €
Krankenhaus-Tagegeld	12,50 €

Durch die bevorstehende Volljährigkeit der versicherten Person wird eine Vertragsumstellung erforderlich.

Schreiben Sie einen Brief mit einem Angebot an Herrn Werker.

10. Aufgabe

In Ihrem Vertragsbestand befinden sich Verträge, deren Versicherungssummen und Leistungsarten nicht mehr den heutigen Anforderungen gerecht werden.

Welche Möglichkeiten können Sie ergreifen, um eine Anpassung/Aktualisierung der Verträge zu erreichen?

11. Aufgabe

Ein privat unfallversicherter Kunde richtet folgende Anfrage an Ihre Versicherungsunternehmung:

> „Ich möchte auch meine Familienangehörigen (Kinder 6 und 15 Jahre, Ehefrau 36 Jahre, Großvater 71 Jahre) gegen Unfall versichern. Bemerken möchte ich, dass ich begeisterter Drachenflieger bin. Bitte unterbreiten Sie mir ein entsprechendes Angebot."

Entwerfen Sie einen Antwortbrief an den Versicherungsnehmer, in dem Sie insbesondere eingehen auf:

- Versicherungsfähigkeit
- Versicherungsschutz für Kinder
- Vorschlag und Begründung für die Versicherungssumme
- den gesetzlichen Schutz
- Tarifierung
- Flugrisiko

1.7 Unfallversicherung und Steuern

1.7.1 Versicherungssteuer

Sie beträgt wie in der Sachversicherung 19 % – eine Ausnahme bilden die Verträge mit Prämienrückgewähr: hier beläuft sich der Steuersatz auf 3,8 %.

1.7.2 Beiträge

Beiträge für eine private Unfallversicherung sind als Sonderausgaben im Rahmen der geltenden Höchstbeiträge als Vorsorgeaufwendungen abzugsfähig. § 10 Abs. 1 Nr. 2 a EStG

1 500,00 € p. a. ledig; 3 000,00 € p.a. verheiratet – Arbeitnehmer
2 400,00 € p. a. ledig; 4 800,00 € p. a. verheiratet – selbstständig

Höchstbeiträge für Kranken-, Pflege- und Arbeitslosenversicherung sind ab einem Bruttoeinkommen von ca. 15 000,00 € p. a. ausgeschöpft.

Dabei ist es unerheblich, wer versichert ist. Abzugsberechtigt ist der, der den Beitrag bezahlt.

Nach einem Erlass des Finanzministeriums v. 18. 2. 1997 wird die Aufteilung von Beiträgen zur Unfallversicherung in Sonderausgaben und Werbungskosten zugelassen. Der Erlass erkennt an, dass die private Unfallversicherung auch Schutz vor Unfällen im Berufsleben bietet. Ein Teil der Beiträge ist nun als Werbungskosten absetzbar (bei Einzel- und Familienversicherungen 50 %, weil die Sonderausgaben durch andere Versicherungen belegt sind). Dies gilt nicht für eine Freizeitunfallversicherung.

1.7.3 Leistungen

Kapitalleistungen aus der Unfallversicherung werden vom Einkommensteuergesetz nicht erfasst. Sie brauchen also nicht versteuert werden.

Renten dagegen unterliegen mit einem bestimmten Prozentsatz – nämlich ihrem Ertragsteil – der Einkommensteuer. Der Ertragsteil ist umso höher, je niedriger das Lebensalter des Rentenberechtigten beim erstmaligen Rentenbezug ist. Todesfallleistungen unterliegen der Erbschaftsteuer. Durch nicht unerhebliche Freibeträge entfällt oder mindert sich diese Belastung aber entsprechend dem Verwandtschaftsgrad. Wird eine Todesfallsumme an den Versicherungsnehmer gezahlt, ist sie steuerfrei.

Alle Leistungen, die nicht an den Versicherungsnehmer überwiesen werden, müssen dem Finanzamt angezeigt werden.

Da die Unfallversicherung mit Prämienrückgewähr in der Regel mindestens 12 Jahre läuft und das Endalter bei Auszahlung der Beitragsrückgewähr höher als 60 Jahre beträgt, liegt der zu versteuernde Anteil bei 50 % der Gewinne bei einer Kapitalauszahlung, sofern sie den Sparerfreibetrag übersteigt.

1.8 Leistungsfall

▶ Situation

Herr Winter meldet per Fax zu seiner Familien-Unfallversicherung, dass er einen erheblichen Skiunfall in der Schweiz erlitten hat. Wie gestaltet sich die Abwicklung des Schadens?

1.8.1 Pflichten des Versicherungsnehmers

▶ Erläuterung

Ziffer 7 AUB 2008

Nach einem Unfall, der voraussichtlich eine Leistungspflicht herbeiführen wird, ist unverzüglich ein Arzt hinzuzuziehen und der Versicherer zu unterrichten.

Die versicherte Person hat den ärztlichen Anordnungen nachzukommen und alles zu tun, die Unfallfolgen zu mindern.

Die Unfallanzeige ist wahrheitsgemäß auszufüllen sowie jede sachdienliche Auskunft an den Versicherer zu geben.

Sie teilt sich auf in:

- Angaben zum Versicherungsnehmer
- Angaben zur versicherten Person
- Angaben zum Unfallereignis
- eine ausführliche Unfallschilderung
- Darlegung der Unfallfolgen
- ärztliche Behandlungen
- Vorerkrankungen und Gebrechen
- weitere Versicherungen
- Schlusserklärungen

Der Versicherer kann Ärzte beauftragen, die die versicherte Person untersuchen. Die notwendigen Kosten einschließlich eines eventuellen Verdienstausfalls trägt der Versicherer.

Die behandelnden Ärzte sind von der Schweigepflicht zu entbinden und zur Abgabe der angeforderten Berichte zu veranlassen.

Hat der Unfall den Tod zur Folge, so ist dieser innerhalb von 48 Stunden – möglichst telegrafisch – zu melden. Besteht Zweifel an der Ursächlichkeit des Unfalltodes, so kann der Versicherer durch einen von ihm beauftragten Arzt eine Obduktion vornehmen lassen.

Ziffer 8 AUB 2008

Der Versicherer ist von der Verpflichtung zur Leistung nur frei, wenn die Obliegenheitsverletzung auf Vorsatz beruht.

Bei grob fahrlässiger Verletzung einer Obliegenheit ist die Proximus Versicherung berechtigt, die Leistung in einem der Schwere des Verschuldens entsprechenden Verhältnis zu kürzen.

Gleichwohl bleibt der Versicherer bei grober Fahrlässigkeit zur vollen Leistung verpflichtet, wenn die Verletzungen weder Einfluss auf den Unfallhergang noch auf die Leistungsfeststellung hatten.

1.8.2 Entscheidung über Leistungspflicht

Nach dem gemeldeten Unfallschaden nimmt der Sachbearbeiter eine sog. formelle und materielle Deckungsprüfung vor.

Sollte die formelle Deckungsprüfung ergeben, dass der Versicherungsschutz zum Zeitpunkt des Unfalls vorhanden war, beginnt der Sachbearbeiter erst mit der eigentlichen Unfallbearbeitung, indem er die materielle Deckungsprüfung vornimmt.

Der Anspruchsteller hat bis zur abschließenden Prüfung alle notwendigen Belege beizubringen.

1.8.3 Fälligkeit der Leistungen

▶ Situation

Ihr Versicherungsnehmer wird am 5. 5. in einen Verkehrsunfall verwickelt. Ein Krankenhausaufenthalt ist erforderlich – außerdem zeichnet sich eine dauernde Beeinträchtigung der Leistungsfähigkeit ab. Dem Versicherer gehen am 20. 5. Belege über den Krankenhausaufenthalt zu. Ein ärztliches Gutachten bestätigt dem Versicherer einen Invaliditätsgrad von 30 %.

Wann muss der Versicherer eine Krankenhaus-Tagegeldleistung und die Invaliditätsleistung erbringen bzw. sich zur Leistungspflicht erklären?

▶ Erläuterung

Ziffer 9 AUB 2008

Der Versicherer ist verpflichtet, nach Vorlage aller notwendigen Unterlagen innerhalb eines Monats – beim Invaliditäts- und Unfallrentenanspruch innerhalb von drei Monaten – zu erklären, ob und in welcher Höhe er einen Anspruch anerkennt. Diese Fristen gelten ab dem Zeitpunkt, an dem dem Versicherer alle Unterlagen zugegangen sind.

Erkennt der Versicherer den Anspruch an, zahlt er innerhalb von zwei Wochen. Auf Verlangen des Versicherungsnehmers zahlt der Versicherer auch einen angemessenen Vorschuss.

Im Invaliditätsfall haben Versicherungsnehmer und Versicherer das Recht, den Grad der Invalidität jährlich – längstens bis zu drei Jahren nach Eintritt des Unfalles – erneut ärztlich bemessen zu lassen.

Ergibt die endgültige Bemessung eine höhere Invaliditätsleistung, so ist der Mehrbetrag gegenüber der bereits erbrachten Leistung mit 5 % jährlich zu verzinsen.

Ziffer 3 AUB 2008

Haben bei den Unfallfolgen Krankheiten oder Gebrechen mitgewirkt, so wird die Leistung entsprechend dem Anteil der Krankheit oder des Gebrechens gekürzt, wenn dieser Anteil mindestens 25 % beträgt.

Altverträge bis AUB 2005

Die Invaliditätsleistung kann wahlweise als Kapitalleistung oder als Leibrente gezahlt werden. Ist die versicherte Person beim Unfallereignis 65 Jahre und mehr, so wird nur noch eine Leibrente gewährt.

Ziffer 9.1 AUB 2008

Sind zum Nachweis von Gesundheitsschäden Bescheinigungen zu erbringen, werden die anfallenden Gebühren im Rahmen bestimmter Grenzen vom Versicherer ersetzt.

Ziffer 10.3 AUB 2008

Der Unfall-Versicherungsvertrag kann durch schriftliche Kündigung sowohl vom Versicherer als auch vom Versicherungsnehmer beendet werden,

- wenn der Versicherer eine Leistung ausgezahlt hat oder
- gegen den Versicherer Klage auf eine Leistung von Seiten des Versicherungsnehmers erhoben wird.

Bearbeitung der Schaden-Situation Familie Winter – Schweiz

Näheres zum Unfall von Herrn Winter (Seite 94) erfahren Sie durch den Arztbericht und die eingereichte Schadenanzeige. Fremdeinwirkung lag beim Unfall nicht vor. Die Prämie wurde pünktlich entrichtet und der Versicherte (50 Jahre) hat sich an die Anweisungen des Arztes gehalten. Ein Berufswechsel liegt nicht vor.

Nach einer rechtzeitigen Schadenmeldung per Fax (Schadentag 31. 1. d. J.) erhalten Sie am 10. 4. d. J. nach Abschluss der Behandlung die erforderlichen Belege. Es werden geltend gemacht:

- 30 % Invaliditätsleistung (Gutachten liegt vor) bei einer Versicherungssumme von 100 000 € – Progression 350 %
- Krankenhaus-Tagegeld und Genesungsgeld für 30 Tage (versichertes UKTG und GG je 50 € pro Tag), Rettungskosten 1 800 €. Die GKV übernimmt in der Schweiz keine Kosten der Rettungsaktion

a) Wann müssen Sie eine Erklärung zur Leistungspflicht abgeben?
b) Der Versicherungsnehmer macht für das Gutachten 300 € und 50 € für die Krankenhausbescheinigung geltend. Welche Kosten erstatten Sie?
c) Können Sie fordern, dass der Invaliditätsgrad regelmäßig jährlich überprüft und neu festgesetzt wird?
d) Wann müssen Sie die Invaliditätsleistung erbringen?
e) Welchen Betrag überweisen Sie Herrn Winter?

▶ Lösung

a) Innerhalb eines Monats – bei Invalidität innerhalb 3 Monaten
b) Bei Invalidität bis 1 ‰ der Versicherungssumme = 100 €
bei Krankenhaus-Tagegeld bis zu einem Tagegeldsatz = 50 €
c) Längstens bis zu 3 Jahren möglich
d) Innerhalb eines Jahres nur, wenn der Heilungsprozess abgeschlossen ist; ansonsten besteht die Möglichkeiten eines Vorschusses, wenn eine Todesfallsumme versichert ist.
e) Entschädigung

Invalidität/Kapitalleistung		40 000 €
Krankenhaus-Tagegeld	→	1 500 €
Genesungsgeld	→	1 500 €
Kosten: Gutachten	→	100 €
	→	50 €
		43 150 €
Bergungskosten in der Schweiz	→	1 800 €
		44 950 €

▶ Praxishinweise

Wichtige Fristen bei der Leistungsberechnung in der Unfallversicherung

- nach einem Jahr entscheidet es sich, ob Todesfall- oder Invaliditätsleistung
- 1 Jahr wird Tagegeld längstens gezahlt
- 2 Jahre wird KHTG längstens gezahlt
- 3 Jahre endgültige Feststellung des Invaliditätsgrades
- 5 Jahre Feststellung des Invaliditätsgrades bei Kindern bis 14 Jahre
- 3 Jahre Verjährungsfrist
- 1 Monat Feststellung des Anspruches außer Invalidität
- 3 Monate Feststellung des I-Grades evtl. vorläufig
- 48 Std. Anzeige des Todesfalles
- 100 Tage Genesungsgeld
- 1 Monat geringere Summe bei Berufswechsel von A → B
- 1 Monat höhere Summe bei Berufswechsel von B → A
- 3 Jahre ab Unfalltag → kosmetische Operation

Die Bearbeitung des Versicherungsfalles

Prüfung der Schadenanzeige auf Vollständigkeit

Risiko versichert / Beruf / Freizeit / Person / Unfallbegriff

↓

Vers.-Fall in Laufzeit des Vertrages (materieller Beginn)

↓

Prämie bezahlt?
Erstprämie § 37 VVG / Folgeprämie § 38 VVG

↓

Obliegenheiten

- erfüllt?
- verletzt? (z. B. sofortiges Hinzuziehen des Arztes, Schadenmeldung, Belegpflicht)
- anteilige Entschädigung – Verschuldensgrad

↓

Berufstätigkeit geändert, evtl. Summenveränderung

↓

Ausschlüsse gegeben, evtl. Klauseln beachten
Vorsatz § 183 VVG

↓

Berechnung der Entschädigung

- Tod
- Invalidität (nach Gliedertaxe)
- Tagegeld Übergangsleistung
- Krankenhaus-Tagegeld
- Genesungsgeld
- Bergungskosten
- Schadensermittlungskosten § 189 VVG

↓

Leistung von anderen Kostenträgern bei kosmetischer Operation und Bergungskosten

↓

Leistungsfreiheit nach 15.1 AUB 2008 – Verjährung

↓

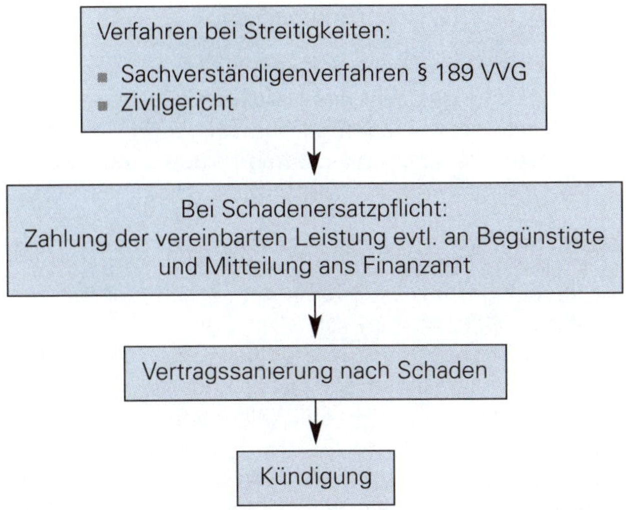

Können die Prüfungsmerkmale positiv beantwortet werden, so ist eine Leistungspflicht gegeben und der Schaden wird in entsprechender Höhe reguliert.

▶ Hinweis

Wer glaubt, seine Leistung sei zu gering, kann die Berechnung von der Finanzaufsicht und dem Ombudsmann kostenlos prüfen lassen.

Übungen

Prüfen Sie die Leistungspflicht des Unfallversicherers in folgenden Fallsituationen und nennen Sie mögliche Leistungen, die der Unfallversicherer je nach Versicherungsvertrag zu erbringen hätte:

Beweislast

Das Vorliegen eines Unfalles im Sinne der Bestimmungen der gültigen AUB ist grundsätzlich vom Versicherungsnehmer bzw. dessen Rechtsnachfolger zu beweisen. Allerdings werden an die Beweispflicht des Versicherungsnehmers in aller Regel keine hohen Anforderungen gestellt. Es genügt, insbesondere wenn sich der Unfall ohne Zeugen abgespielt hat, der Beweis des ersten Anscheins (prima-facie-Beweis). Hinsichtlich des Merkmals der Unfreiwilligkeit ist die Beweislast durch die Bestimmungen des § 178 VVG jedoch umgekehrt worden. Die Unfreiwilligkeit wird hiernach bis zum Beweis des Gegenteils vermutet, d. h., dass der Versicherer eine Selbstverstümmelung oder einen Selbstmord beweisen muss.

▶ Bitte beachten Sie!

Die Erfüllung der Unfallbestimmungen gemäß den vereinbarten AUB ist eine notwendige Bedingung für die Leistungspflicht des Versicherers, aber ob eine Leistung erbracht wird und in welcher Höhe ist abhängig von der Schwere des Unfalls und von den vereinbarten Leistungen laut Vertrag.

1. Daten zum Vertrag – Proximus Versicherung

   VN: Karl Schrempf
   Alter: 67

Summe für den Todesfall:	40 000,00 €
Summe für den Invaliditätsfall:	80 000,00 €
Krankenhaus-Tagegeld plus	20,00 €
Genesungsgeld	20,00 €

   Der VN erleidet am 20. Januar einen Unfall und wird sofort in ein Krankenhaus eingeliefert. Dort werden folgende Verletzungen festgestellt: Verlust der rechten Hand im Handgelenk und eine 60%ige Gebrauchsunfähigkeit des rechten Fußes. Die Behandlung im Krankenhaus dauert zunächst bis zum 3. 3. (kein Schaltjahr). Es ist aber ein weiterer Krankenhausaufenthalt vom 3. 7. bis zum 11. 7. wegen der Unfallfolgen notwendig.

   Berechnen Sie . . .

   a) die Invaliditätsentschädigungskapitalleistung
   b) die Krankenhaus-Tagegeldleistung einschl. Genesungsgeld

2. Der kfm. Angestellte Schwede hat eine Einzelunfallversicherung mit einer Invaliditätssumme von 100 000,00 € abgeschlossen. Die Jahresprämie (Gefahrengruppe A) beträgt 122,80 €. Nach einem Unfall, der nach Feststellung des Arztes zu einer Verminderung der Gebrauchsfähigkeit des rechten Arms um 70 % führte, stellt der VR fest, dass der VN seit 1 Jahr als Berufskraftfahrer tätig ist. Eine Änderungsanzeige ist bisher vom VN unterblieben. Die vergleichbare Prämie in der Gefahrengruppe B beläuft sich auf 187,50 €.

   Berechnen Sie

   a) den Invaliditätsgrad anlässlich des Unfalls, wenn lt. Gliedertaxe für einen Arm ein Invaliditätsgrad von 70 % zu Grunde gelegt wird
   b) die Entschädigung bei einem Berufsunfall
   c) die Entschädigung bei einem Freizeitunfall

3. Durch eine Unfallversicherung ist der VN Krüger mit 40 000,00 € für den Invaliditätsfall sowie mit einem Tagegeld von 18,00 € vom 15. Tag an versichert.

   Infolge eines Unfalls ist der Versicherte

   vom 16. 06. bis 14. 07. zu 100 %
   vom 15. 07. bis 01. 08. zu 50 %
   vom 02. 08. bis 22. 08. zu 25 %

   arbeitsunfähig.

   Als Dauerfolge bleibt eine vollständige Gebrauchsunfähigkeit des rechten Arms (65 % lt. Gliedertaxe) und eine 30%ige Gebrauchsunfähigkeit des linken Fußes (Gliedertaxe 40 %).

   Berechnen Sie

   a) die Tagegeldentschädigung
   b) die Kapitalentschädigung
   c) die Vierteljahresrente, wenn die Kapitalleistung verrentet wird (bei 1 000,00 € Kapitalleistung wird eine Jahresrente von 87,18 € geleistet).

4. Herr Franz Schneider hat bei der Proximus Versicherung am 1. 4. 2004 eine private Unfallversicherung mit folgenden Leistungen abgeschlossen:

   Herr Schneider – Angestellter

Todesfallleistung:	50 000 €
Invaliditätsleistung:	100 000 € ohne zuschlagspflichtige Progression
KHTG:	50 €
Genesungsgeld:	50 €
Bergungskosten:	beitragsfrei 50 000 €

   Frau Schneider – Hausfrau

Todesfallleistung:	20 000 €
Invaliditätsleistung:	60 000 € ohne zuschlagspflichtige Progression
KHTG:	20 €
Genesungsgeld:	20 €
Bergungskosten:	beitragsfrei 50 000 €
Zahlweise:	jährlich

   a) Berechnen Sie den Beitrag im Jahre 2008 in € mit Versicherungssteuer.
   b) Berechnen Sie den Rückbeitrag in €, wenn Herr und Frau Schneider infolge eines Unfalles vom 13. 5. 2008 zu 100 % Invaliden sind und nach 45 Tagen unfallbedingtem Krankenhausaufenthalt entlassen werden. Der Vertrag soll in gegenseitigem Einvernehmen zum 14. 5. 2008 aufgehoben werden.
   c) Ermitteln Sie den Regulierungsbetrag in €.

5. Durch eine Unfallversicherung ist der VN Müller mit 80 000 € für den Invaliditätsfall sowie mit einem Tagegeld von 35 € vom 15. Tag an versichert. Infolge eines Unfalls ist der Versicherte vom 16. 6. bis 14. 7. zu 100 % vom 15. 7. bis 1. 8. zu 50 % und vom 2. 8. bis 22. 8. zu 25 % arbeitsunfähig. Als Dauerfolge bleibt eine vollständige Gebrauchsunfähigkeit des Gehörs auf einem Ohr.

   a) Wie hoch ist die Tagegeldentschädigung?
   b) Wie hoch ist die Kapitalentschädigung?
   c) Wie hoch wäre die Vierteljahresrente, wenn die Kapitalleistung verrentet würde?

6. Die Ermittlungen der Proximus zu dem Unfall eines Handelsvertreters sind abgeschlossen, sodass die Versicherungsleistung berechnet werden kann.

   Infolge des Unfalls (in einem Schaltjahr) war der Handelsvertreter
   vom 5. Jan. bis 29. Febr. zu 100 % arbeitsunfähig
   vom 1. März bis 6. März zu 50 % arbeitsunfähig
   vom 7. März bis 22. März zu 30 % arbeitsunfähig

   Für die Zeit vom 6. Januar bis 11. Februar musste er sich in stationäre Behandlung begeben.

   Als Dauerfolgen bleiben die 70%ige Gebrauchsunfähigkeit des linken Fußes und der Verlust des Zeigefingers der rechten Hand. Die 70%ige Gebrauchsfähigkeit des linken Fußes ist zu 50 % durch eine Vorinvalidität bedingt.

   Versicherte Leistungen laut Vertragsspiegel

   50 000,00 € für den Todesfall
   150 000,00 € für den Invaliditätsfall,
   mit progressiver Invaliditätsstaffel U 350
   40,00 € Tagegeld ab dem 15. Tag
   Krankentagegeld 20,00 €
   Genesungsgeld 20,00 €

   a) Welchen Invaliditätsgrad legt Proximus als Folge des jetzt erlittenen Unfalls für ihre Leistungsabrechnung zugrunde?
   b) Welche Leistungen sind zu erbringen und in welcher Höhe?

7. Sie entnehmen einem Unfallbericht, dem weitere Nachweise beigefügt sind, folgende Angaben:

   Der Versicherte Klaus-Peter Glasser hat am 4. Sept. d. J. einen Unfall bei einer Auslieferungsfahrt mit dem firmeneigenen LKW seines Arbeitsgebers erlitten, der nach ärztlicher Feststellung zu einer Verminderung der Gebrauchsfähigkeit der linken Hand um 60 % führte.

   Herr Glasser ist seit drei Monaten bei der Speditionsfirma Interglobus GmbH als Berufskraftfahrer tätig.

Auszug aus dem Vertragsspiegel

Versicherte Person und VN:	Klaus-Peter Glasser
Beruf:	Kaufmännischer Lagerleiter
Versicherungsbeginn:	1. Januar 2004
Versicherte Leistungen:	
Invalidität	100 000,00 € Modell 225 %
Beitragssatz	2,15 ‰
Todesfall	40 000,00 €
Beitragssatz	1,65 ‰

jährliche Zahlungsweise

Bisheriger Vertragsverlauf: keine Änderungen, kein Versicherungsfall

a) Welche Entschädigungsleistung kann Herr Klaus-Peter Glasser erwarten?
b) Wie begründen Sie Herrn Glasser gegenüber die Höhe der Entschädigung?

8. Sie sind Mitarbeiter/-in der Vertragsabteilung Unfallversicherung der Proximus Allgemeine Versicherungs AG. Bei einem Besuch Ihres Kunden Max Wengert am 10. 11. stellen Sie fest, dass dieser nach einem Schlaganfall (am 12. 2.) halbseitig gelähmt ist. Herr Wengert ist dauerhaft so schwer behindert, dass er beim Essen, wie auch bei der Körperpflege immer von seiner Frau betreut werden muss. Besonders beim Gehen benötigt Herr Wengert immer die Hilfe einer anderen Peson. Im Gespräch mit Frau Wengert erfahren Sie, dass selbst eine Reha-Maßnahme keinen Erfolg hatte. Die Ärzte sind sich einig, dass keine Heilungschancen mehr bestehen. Frau Wengert fragt Sie, welche Leistungen ihr Mann aus der bestehenden Unfallversicherung erhalten kann, wenn er beim Gehen hinfällt und sich verletzen würde. Aus ihren Unterlagen entnehmen Sie, dass Herr Wengert bei Ihnen neben anderen Versicherungen eine Einzelunfallversicherung vor Jahren für sich abgeschlossen hat.

Auszug aus dem Vertragsspiegel:

Einzelunfallversicherung

Todesfallsumme:	100 000,00 €
Invaliditätssumme:	100 000,00 € mit 225 % Progression
Beruf:	kaufmännischer Angestellter
Geburtsdatum:	13. 9. 1951
Beitrag:	197,14 € (Halbjahresbeitrag einschließlich VSt)
Versicherungsperiode:	1. 1.–1. 1.
Beitragskonto:	ausgeglichen

Beraten Sie Frau Wengert. Führen Sie auch mögliche Berechnungen durch.

2. Gesetzliche Unfallversicherung

▶ Situation

Der Versicherungsberater Herr Bruck empfiehlt der Familie Berger den Abschluss einer Unfallversicherung. Herr Berger vertritt die Meinung, dass diese Versicherung überflüssig sei, weil bei einem Unfall die gesetzliche Unfallversicherung einen Schadenausgleich herbeiführen wird.

2.1 Genossenschaftsprinzip

Innerhalb der Sozialversicherung nimmt die gesetzliche Unfallversicherung eine Sonderstellung ein. Im Gegensatz zur Kranken- und Rentenversicherung ist sie nicht nur eine Versicherung gegen bestimmte Versicherungsfälle (Arbeitsunfälle und Berufskrankheiten), sondern sie bewirkt auch eine Ablösung der zivilrechtlichen Haftpflicht des Unternehmers gegenüber den Arbeitnehmern eines Betriebes. Daher erklärt sich, dass nur die Unternehmer und nicht die versicherten Arbeitnehmer mit der Zahlung von Beiträgen belastet werden.

Der Beitrag richtet sich nach Gefahrenklassen und nach dem Arbeitsverdienst der Arbeitnehmer. § 153 SGB VII

Geschichte der Unfallversicherung

Die Unfallversicherung gehört zu den ersten sozialen Absicherungen für Arbeitnehmer. Sie besteht seit 1884.

Die Anfänge der gesetzlichen Unfallversicherung

1881 wurde mit der „Kaiserlichen Botschaft" der Grundstein für die Deutsche Sozialversicherung gelegt. Auf dieser Grundlage wurde am 9. Juli 1884 das „Unfallversicherungsgesetz vom 6. Juli 1884" im Reichsgesetzblatt verkündet. Dieses Gesetz hat trotz seiner zahlreichen Änderungen in seinen wesentlichen Bestandteilen bis heute Gültigkeit:

- Schutz des Versicherten und seiner Familie vor den Folgen von Arbeitsunfällen und Berufskrankheiten,
- Beitragsfinanzierung durch Umlageverfahren allein durch die Unternehmer und die damit verbundene Ablösung der Unternehmerhaftung,
- der ganzheitliche Ansatz Prävention, Rehabilitation und Entschädigungen aus einer Hand.

Das Siebte Buch des Sozialgesetzbuches

Eine wesentliche Neuerung in der Geschichte der gesetzlichen Unfallversicherung ist das Siebte Buch des Sozialgesetzbuches (SGB VII), das am 1. Januar 1997 in Kraft getreten ist. Das SGB VII ersetzt somit die

Vorschriften des seit fast 100 Jahren geltenden Dritten Buches der Reichsversicherungsordnung.

2.2 Träger

Die gesetzliche Unfallversicherung in der Bundesrepublik Deutschland wird durch 34 gewerbliche Berufsgenossenschaften und die See-Berufsgenossenschaft, 19 landwirtschaftliche Berufsgenossenschaften, die Eigenunfallversicherungsträger des Bundes, der Länder und der Gemeinden vertreten.

Berufsgenossenschaften

- 35 Genossenschaften in der BRD mit eigenen Satzungen.
- 9 Mrd. € Beiträge zahlen die Unternehmen alleine.
- 20 000 Mitarbeiter bieten den umfangreichen Leistungskatalog an.
- Im Durchschnitt zahlen die Betriebe 1,3 % von der Lohnsumme.

2.3 Versicherte Personen

2.3.1 Versicherte Personen kraft Gesetzes (Pflichtversicherte)

Arbeitnehmer und arbeitnehmerähnliche Personen

▶ **Beispiel**

Arbeitnehmer, Heimarbeiter, Artisten, Künstler, Schausteller, Sozialhilfeempfänger, Personen in Umschulungsmaßnahmen

Unternehmer, die besonders schutzwürdig sind

▶ **Beispiel**

Landwirte, wenn Mitglied einer Berufsgenossenschaft (BG), Küstenschiffer und -fischer (mit Einschränkungen)

Personen, die im Interesse der Allgemeinheit tätig werden

▶ **Beispiel**

ehrenamtlich in Hilfsorganisationen Tätige, Helfer, Lebensretter, Blutspender, Zeugen, Schöffen.

sonstige Personen

▶ Beispiel

beruflich Aus- und Fortbildende, Kinder (Kindergärten, Horte, Krippen), Schüler (Schule), Studenten (Hochschule), Personen beim Selbsthilfebau, Rehabilitanden, Gefangene, Pflegepersonen.

▶ Hinweis

Seit dem 1. 1. 1997 fallen begriffsmäßig nicht mehr nur Kindergärten, sondern auch Krippen und Horte unter den Versicherungsschutz. Auch für sie gilt jedoch, dass sie staatlich anerkannt sein müssen. In der Regel werden in Krippen Kinder bis zur Vollendung des 3. Lebensjahres, in Kindergärten solche von der Vollendung des 3. Lebensjahres bis zur Einschulung und in Horten von der Einschulung bis zur Vollendung des 14. Lebensjahres betreut. Freizeit- und Begegnungsstätten oder Kinderheime sind mit dieser Regelung nicht gemeint. Des Weiteren dehnt sich der Versicherungsschutz für Schulen auch auf unmittelbar vor oder nach dem Unterricht stattfindende Betreuungsmaßnahmen, die von oder im Zusammenwirken mit der Schule durchgeführt werden, aus (SGB VII, § 2, 8 a und b).

Die Beiträge zahlt der Arbeitgeber (außer z. B. Landwirte) sowie Bund, Länder und Gemeinden (Kinder, Schüler, Studenten, Beamte und Soldaten).

▶ Besonderheiten

Arbeitslose

Tätigkeiten und Wege, die mit der Arbeitssuche und mit Vertragsabschlüssen in Zusammenhang stehen, sind in der gesetzlichen Unfallversicherung nicht versichert. Wird jedoch vom Arbeitslosen gefordert, eine bestimmte Stelle aufzusuchen, so ist er sehr wohl versichert (SGB VII, § 2, 14).

Bauhelfer

Unter eng umschriebenen Voraussetzungen, zu denen die öffentliche Förderung des Wohnraumes im Sinne des II. Wohnungsbaugesetzes gehört, können ein Bauherr und seine Helfer sogar erweiterten BG-Schutz beanspruchen (SGB VII, § 2, 16):

Der Bauherr und sein Ehegatte sind über die BG abgesichert, wenn ein Bescheid der zuständigen Baubehörde vorliegt, dass das Bauvorhaben als geförderte oder adäquate Maßnahme anerkannt wird (Vorsicht! bei Fehlen, Widerruf oder Aufhebung des Anerkennungsbescheides).

Die Bauhelfer können diesen für den Bauherrn kostenfreien Schutz erlangen, wenn der Anerkennungsbescheid vorliegt und die Arbeit für den Bauherrn unentgeltlich oder auf Gegenseitigkeit erfolgt (Selbsthilfe).

Da der kostenfreie Schutz für Bauherren und deren Helfer einige Sonderregelungen beinhalten kann, sollten sich die betroffenen Personen **grundsätzlich** an ihre **zuständige BG** wenden und sich den Umfang des Schutzes schriftlich bestätigen lassen.

2.3.2 Freiwillige Versicherung

§ 6 SGB VII

Unternehmer und ihre im Unternehmen tätigen Ehegatten können sich freiwillig gesetzlich versichern. Es gibt aber teilweise Berufsverbände, die ihre Mitglieder über die Standesorganisation zwangsversichern (z. B. Rechtsanwälte).

Bei selbstständigen Landwirten gibt es eigenständige Berufsgenossenschaften, in welche die Landwirte eintreten müssen!

2.4 Aufgaben

Die gesetzliche Unfallversicherung hat folgende Aufgaben zu erfüllen:

- Arbeitsunfälle zu verhüten
- nach Eintritt eines Arbeitsunfalls den Verletzten, seine Angehörigen und seine Hinterbliebenen zu entschädigen
  a) durch Wiederherstellung der Erwerbsfähigkeit des Verletzten, durch seine Arbeits- und Berufsförderung und durch Erleichterung der Verletzungsfolgen
  b) durch Leistungen in Geld an den Verletzten, seine Angehörigen und Hinterbliebenen

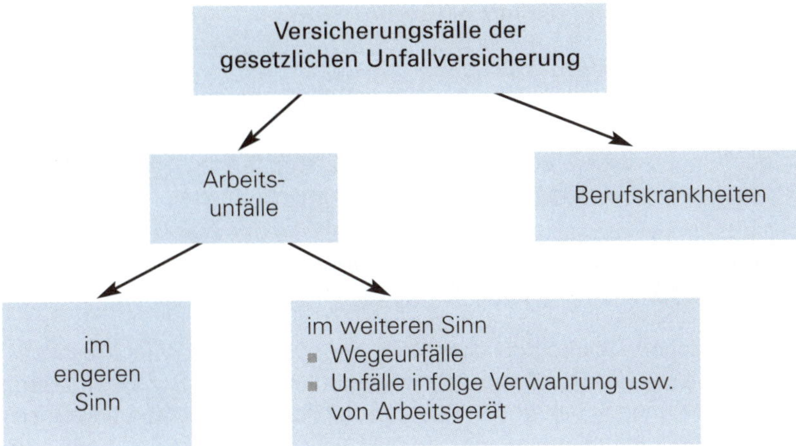

Eine Leistung wird nicht durch jeden Unfall begründet. Zwei Ereignisse sind es im Wesentlichen, die einen Anspruch des Versicherten auslösen können: Arbeitsunfälle und Berufskrankheiten.

2.4.1 Arbeitsunfälle

Arbeitsunfälle sind Unfälle, die ein Versicherter im ursächlichen Zusammenhang mit seiner beruflichen Tätigkeit erleidet. § 8 SGB VII

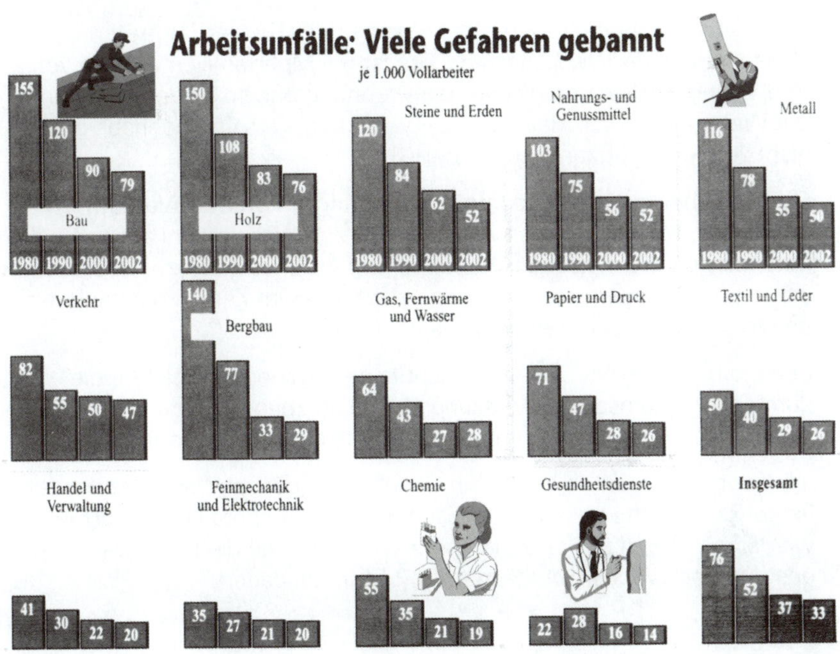

Als Unfälle am Arbeitsplatz gelten:

- Unfälle bei der Berufsausübung
- bei der Vorbereitung der Arbeitsaufnahme
- bei Röntgenreihen- oder sonstigen gesundheitlichen Untersuchungen
- bei der erstmaligen Abhebung eines Geldbetrages von einem Geldinstitut, an das der Arbeitgeber Lohn oder Gehalt überwiesen hat
- bei betrieblichen Gemeinschaftsveranstaltungen
- beim Betriebssport
- auf Dienstreisen und Dienstwegen

Der beruflichen Tätigkeit gleichgestellt ist der Besuch von Tageseinrichtungen, die die gesetzlichen Bestimmungen erfüllen (z. B. Kindergärten, Horte und Krippen), allgemein- oder berufsbildenden Schulen und Hochschulen.

Als Arbeitsunfall zählt auch das Zurücklegen des **unmittelbaren Weges** nach und vom Ort der Tätigkeit, wenn dies mit der versicherten Tätigkeit in Zusammenhang steht (früher: Wegeunfall).

Zu den Wegeunfällen zählen:

Unfälle auf dem Wege nach und von dem Ort der versicherten (betrieblichen) Tätigkeit. Dabei gilt die freie Wegwahl (aber: keine erheblichen Umwege) und die freie Verkehrsmittelwahl.

Ebenso sind Umwege aufgrund der Bildung von Fahrgemeinschaften oder durch die Unterbringung des Kindes im Kindergarten mitversichert.

Der Weg zur Arbeit endet mit dem Verlassen bzw. dem Betreten des Hauses durch den Versicherten. Dies ist bei Mehrfamilienhäusern von Bedeutung. Verlässt der Mieter die Wohnungstür, so ist der Weg von der Wohnungstür zur Haustür nicht versichert. Das Treppenhaus gehört nicht zum geschützten Bereich der GUV!

Der Versicherungsschutz besteht **unabhängig von dem Verkehrsmittel,** das der Versicherte benutzt, und erstreckt sich sowohl auf den unmittelbaren Weg zwischen Wohnung und Arbeitsstätte bzw. Arbeitsstätte und Wohnung als auch vom Arbeitgeber im Zusammenhang mit der versicherten Tätigkeit veranlasste Wege.

Ebenso bleibt der Versicherungsschutz bei Umwegen erhalten, die durch die gemeinsame Benutzung eines Fahrzeuges für den Weg nach und von der Arbeitsstätte entstehen (**Fahrgemeinschaften**).

Wird auf dem direkten Wege ein Geschäft aufgesucht, um einzukaufen, ist der gesetzliche Versicherungsschutz unterbrochen. Der Schutz lebt wieder auf, wenn das Geschäft verlassen wird und die Unterbrechung des direkten Weges nicht länger als 2 Stunden dauert.

Beispiele aus der Rechtsprechung zu Arbeits- und Wegeunfällen

	Versicherungsschutz ja	Versicherungsschutz nein
absichtliche Verursachung (Vorsatz)		X
Betriebssport:		
▪ regelmäßig, organisiert	X	
▪ Wettkämpfe		X
Betriebsausflug, Betriebsveranstaltung:		
▪ von Firma organisiert	X	
▪ Zusammenkunft im Kollegenkreis		X
Dienstreise, Geschäftsreise:		
▪ auf der Fahrt; auf Veranstaltungen	X	
▪ privater Teil: Besuch von Vergnügungsstätten, Spaziergang, Duschen, Nachtruhe		X
Essen und Trinken während der Arbeitszeit oder in der Pause:		X
▪ auf dem Weg zur Kantine und zurück	X	
Fahrt nach Hause oder zu einer Gaststätte:		
▪ auf dem Weg	X	
▪ zu Hause oder im Restaurant		X
Einkäufe während der Arbeitszeit oder Pause:		
▪ für den sofortigen Verzehr	X	
▪ für den häuslichen Bedarf		X
Einkäufe auf dem Weg zur Arbeit oder auf dem Heimweg:		
▪ für die Zeit im Laden		X
Fahrgemeinschaften, auch auf notwendigen Umwegen:	X	
▪ auf Veranlassung des Betriebes	X	
▪ auf eigenen Wunsch und nicht betriebsbezogen		X
Messen, Ausstellungen:		
▪ Besuch im geschäftlichen Interesse	X	
Trunkenheit:		
▪ am Arbeitsplatz (Vollrausch)		X
▪ jedoch ausnahmsweise, wenn Trunkenheit nicht Unfallursache war	X	
▪ im Straßenverkehr auf dem Wege zur Arbeit oder zurück ab 1,3 Promille		X
▪ jedoch wenn Trunkenheit nicht Unfallursache war	X	
Urlaub:		X
▪ Firma veranlasst vorzeitige Rückkehr: auf der Fahrt	X	

	Versicherungsschutz ja	Versicherungsschutz nein
Umkleiden:		
▪ wenn Arbeitskleidung dazu dient, die eigenen Sachen zu schonen		X
▪ bei typischer Berufs- oder Arbeitskleidung	X	
Umwege auf dem Weg zur Arbeit und auf dem Heimweg:		
▪ unbedeutender Umweg (schwer einzugrenzen)	X	
▪ erheblicher Umweg		X
▪ nach der Rückkehr auf die normale Strecke	X	
Übermüdung am Arbeitsplatz oder auf dem Wege:		
▪ durch private Gründe bedingt		X
▪ durch Betrieb veranlasst (Überstunden, Stress)	X	
Vorstellungsgespräch:		X
Waschen, Duschen, Baden:		
▪ im Betrieb und im zeitlichen Anschluss an die Arbeit	X	

2.4.2 Berufskrankheiten

§ 9 SGB VII

Es handelt sich hierbei um Erkrankungen, die durch berufliche Beschäftigungen verursacht worden sind.

Bestimmte Tätigkeiten sind besonders gesundheitsschädigend. Sie können die Ursache für Krankheiten sein.

Für die Berufskrankheiten gilt:

Berufskrankheiten sind Krankheiten, die durch Rechtsverordnung als solche definiert sind und die durch die versicherte Tätigkeit verursacht wurden.

Zurzeit sind über 50 Berufskrankheiten anerkannt, z. B. Lärmschwerhörigkeit, Hauterkrankungen, Silikose und bestimmte Infektionskrankheiten.

▶ Beispiel

- Kumpel aus dem Bergbau (unter Tage) ➡ Staublunge
- Pflegepersonal im Krankenhaus ➡ Bandscheibe

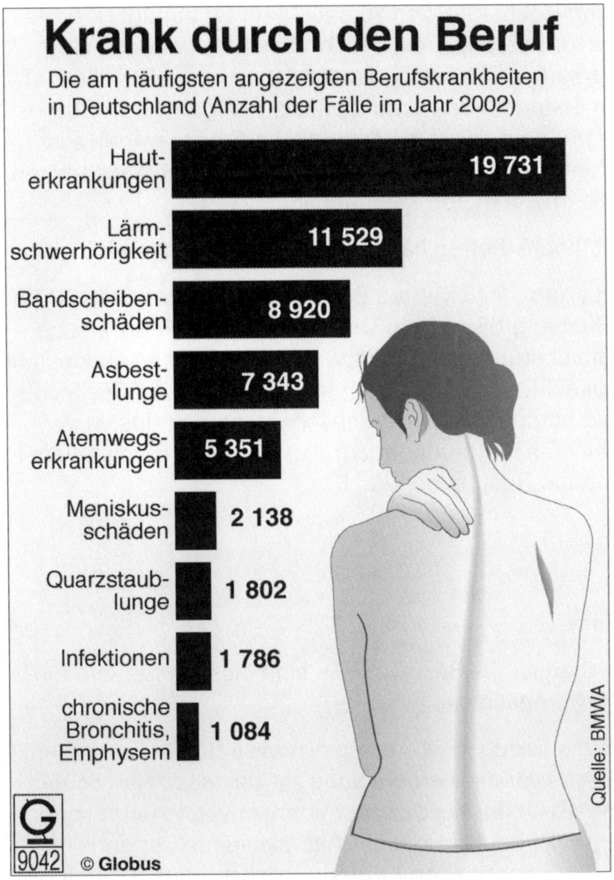

2.5 Leistungsarten

Nach Eintritt des Versicherungsfalls gewährt der Träger der gesetzlichen Unfallversicherung insbesondere folgende Leistungen:

- Verletztenrente
- Hinterbliebenenrente
- Rehabilitationsmaßnahmen

2.5.1 Jahresarbeitsverdienst (JAV)

Berechnungsgrundlage der Geldleistungen ist der „Jahresarbeitsverdienst" vor dem Unfall. Als Jahresarbeitsverdienst gilt der Gesamtbetrag aller Arbeitsentgelte und Arbeitseinkommen des Verletzten im Jahre vor dem Arbeitsunfall.

Es sind Mindest- und Höchstgrenzen zu beachten. So beträgt der Jahresarbeitsverdienst für Personen, die das 18. Lebensjahr noch nicht vollendet haben 40 %. Für Personen, die das 18. Lebensjahr vollendet haben 60 % der im Zeitpunkt des Arbeitsunfalls maßgebenden Bezugsgröße. Die Bezugsgröße ist das durchschnittliche Arbeitsentgelt aller Versicherten der Rentenversicherung der Arbeiter und der Angestellten ohne Auszubildende im vorletzten Kalenderjahr.

Der Jahresverdiensthöchstbetrag hängt von der betreffenden BG ab.

Die Bezugsgröße ist gem. § 18 Viertes Buch Sozialgesetzbuch (SGB IV) eine dynamische Rechengröße, die in Deutschland im System der gesetzlichen Sozialversicherung verwendet wird. Sie ist eine wichtige Zahl im deutschen Sozialrecht, von der viele andere Beträge des Sozialrechts linear abhängen. Sie entspricht dem Durchschnittsentgelt des vorvergangenen Kalenderjahres, aufgerundet auf den nächsten durch 420 teilbaren Betrag (d. h. ohne Rest teilbar durch

12 Monate/Jahr
30 Tage/Monat
7 Tage/Woche
52,5 Wochen/Jahr).

Mathematisch gesehen ist die Bezugsgröße eine Flussgröße, ihre Einheit ist zu Euro/Jahr kompatibel.

Verwendung findet die Bezugsgröße beispielsweise für die Ermittlung der Einkommensgrenze für die Berechtigung zur beitragsfreien Familienversicherung innerhalb der gesetzlichen Krankenversicherung oder als Hinzuverdienstgrenze bei Bezug einer Altersvollrente vor dem 65. Lebensjahr aus der gesetzlichen Rentenversicherung. In beiden Fällen wird ein Siebtel der Bezugsgröße herangezogen.

Sinn der Bezugsgröße ist, Veränderungen des Preisgefüges, des durchschnittlichen Nettoeinkommens usw. Rechnung zu tragen, ohne gleich viele Gesetzestexte ändern zu müssen. Sie stellt also idealerweise eine Abstraktion der antizipierten wirtschaftlichen Situation der Bundesrepublik Deutschland dar. Antizipiert deshalb, weil die Bezugsgröße im Voraus festgelegt wird.

Werte

	Alte Bundesländer		Neue Bundesländer	
Jahr	monatlich	jährlich	monatlich	jährlich
2007	2 450 €	29 400 €	2 100 €	25 200 €
2006	2 450 €	29 400 €	2 065 €	24 780 €
2005	2 415 €	28 980 €	2 030 €	24 360 €
2004	2 415 €	28 980 €	2 030 €	24 360 €
2003	2 380 €	28 560 €	1 995 €	23 940 €
2002	2 345 €	28 140 €	1 960 €	23 520 €
2001	4 480 DM	53 760 DM	3 780 DM	45 360 DM
2000	4 480 DM	53 760 DM	3 640 DM	43 680 DM
1999	4 410 DM	52 920 DM	3 710 DM	44 520 DM

Alt Neu
2012 31500 26.[illegible]
2011 30660 26040
2010

2.5.2 Leistungsumfang

Der Leistungsumfang der gesetzlichen Unfallversicherung umfasst eine Reihe von Maßnahmen. Dazu zählen u. a.:

Finanzierung

- Beitragszahler
- Umlageverfahren
- Berechnungsgrundlage
- Gefahrenklasse

Prävention

- Erlass von Unfallverhütungsvorschriften
- Überwachung und Beratung
- Sicherheitsbeauftragte

- Rehabilitations-(Reha) und Geldleistungen an Verletzten/Erkrankten
  - Heilbehandlung (stationäre/ambulante Arztbehandlung, Kuren, Arznei, Verband- und Hilfsmittel, Heilmittel: Bäder, Massagen, Krankengymnastik, Pflege)
  - berufliche Rehabilitation [Umschulung, Aus- und Fortbildung, Eingliederungsbeihilfe (an Arbeitgeber)]

- soziale Rehabilitation (Behindertensport, ärztl. verordnet, Wohnungshilfe, z. B. Einbau eines Lifts in die Badewanne oder Kraftfahrzeughilfe, d. h. Zuschuss für ein behindertengerechtes Kfz)
- Verletztengeld (während der medizinischen Reha plus gesetzlichen Beitragsanteil zur Sozialversicherung)
- Übergangsgeld (während der beruflichen Reha plus gesetzlichen Beitragsanteil zur Sozialversicherung)
- Verletztenrente (vorläufige Rente, Dauerrente, Abfindung)

- Geldleistungen an Hinterbliebene
  - Witwen-/Witwerrente
  - Waisenrente
  - Elternrente (wenn Verstorbener die Eltern wesentlich unterstützt)
  - Rente an geschiedene Ehefrau (wenn Unterhalt gezahlt wurde)
  - Sterbegeld in Höhe von $1/7$ der Bezugsgröße (für 2007 4 200,00 €) zum Zeitpunkt des Todes
  - Überbrückungshilfe an Witwe/Witwer
  - Überführungskosten
  - Beihilfen

Die wichtigste Leistung dieser Palette ist die Verletztenrente.

2.5.3 Verletztenrente

Der Verletzte erhält eine Rente, wenn die zu entschädigende Minderung der Erwerbsfähigkeit über die 26. Woche nach dem Arbeitsunfall hinaus andauert und mit dem Wiedereintritt der Arbeitsfähigkeit nicht zu rechnen ist.

Als Verletztenrente werden gewährt:

- bei vollständiger Minderung der Erwerbsfähigkeit: 2/3 des Jahresarbeitsverdienstes (Vollrente)
- bei Minderung der Erwerbsfähigkeit um mindestens 20 %: den Teil der Vollrente, der dem Grad der Minderung der Erwerbsfähigkeit (MdE) entspricht (Teilrente).

▶ Beispiel Vollrente

Brutto-Jahresarbeitsverdienst (JAV)	= 18 000,00 €
Grad der Minderung der Erwerbsfähigkeit	= 40 %
⅔ JAV × MdE %	= 12 000,00 € × 40 %
= Jahresrente	= 4 800,00 €

▶ Beispiel Teilrente

Voraussetzung:

zwischen 20 % und 100 % Erwerbsminderung

Leistung:

von der Vollrente wird der prozentuale Teil der Erwerbsminderung gezahlt

Beispiel:

Erwerbsminderung = 40 %
Jahresarbeitsverdienst = 25 000,00 €
Vollrente/monatlich = 1 388,89 €
von der Vollrente in Höhe von
1 388,89 € werden 40 % errechnet = 555,56 €/Teilrente monatlich

Liegt bei Rentenbeginn noch kein dauernder Grad der Erwerbsunfähigkeit vor, so kann die Rentenleistung jederzeit bei einer Minderung der Erwerbsfähigkeit von mindestens 5 % angepasst werden. Diese vorläufige Rentenleistung ist auf drei Jahre begrenzt.

2.5.4 Hinterbliebenenrenten

Bei Tod durch einen Arbeitsunfall wird neben

- Sterbegeld 1/7 JAV, mind. 200,00 €
- den Kosten für die Überführung des Verstorbenen an den Ort der Bestattung
- auch Hinterbliebenenrente geleistet.

Witwen- oder Witwerrenten

Die Witwe oder der Witwer erhalten bis zum Tode oder bis zur Wiederverheiratung eine Rente. Diese beträgt in der Regel 3/10 des Jahresarbeitsverdienstes.

Sie beträgt jedoch 4/10 des Jahresarbeitsverdienstes,

- wenn der Berechtigte das 45. Lebensjahr vollendet hat,
- solange der Berechtigte berufs- bzw. erwerbsunfähig ist oder
- solange der Berechtigte mindestens ein waisenrentenberechtigtes Kind erzieht.

Eigenes, anrechenbares Einkommen des Berechtigten wird zu 40 % angerechnet und vermindert seine Rente.

Anspruch auf Witwen-/Witwerrente hat auch ein früherer Ehegatte, der vor dem Tode des Versicherten von ihm Unterhalt erhalten hat (§ 66 SGB VII).

Keinen Anspruch auf Rente haben Witwe bzw. Witwer, wenn die Ehe nach dem Versicherungsfall geschlossen wurde und der Tod innerhalb des ersten Jahres der Ehe eingetreten ist.

Waisenrente

Jedes Kind erhält bis zur Vollendung des 18. Lebensjahres eine Waisenrente von 3/10 des Jahresarbeitsverdienstes, wenn es Vollwaise ist, beziehungsweise 2/10 des Jahresarbeitsverdienstes, wenn es Halbwaise ist. Bei Schul- oder Berufsausbildung wird die Rentenleistung bis zum 25. Lebensjahr gewährt.

Elternrente

Hinterlässt der Verstorbene Eltern, die er aus seinem Arbeitsverdienst wesentlich unterhalten hat, so erhält ein Elternteil 2/10 des Jahresarbeitsverdienstes, das Elternpaar 3/10 des Jahresarbeitsverdienstes als Rente.

Für alle nebeneinander geleisteten Hinterbliebenenrenten eines Versicherungsfalles werden **höchstens 8/10 JAV** gezahlt.

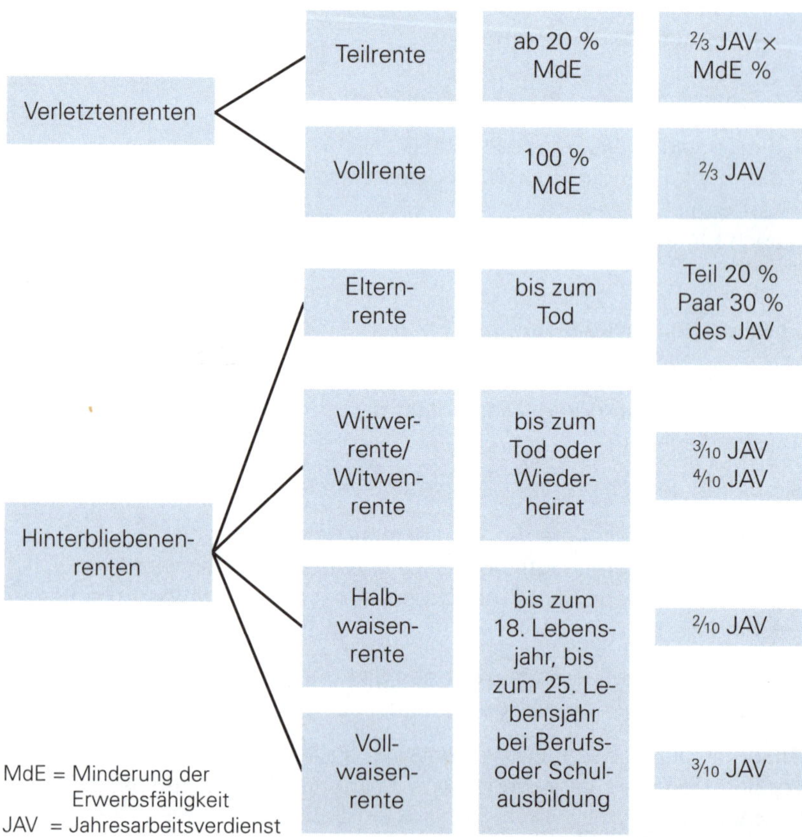

2.6 Kinder- und Schüler-Unfallversicherung

Neben der großen Gruppe von Arbeitnehmern und Selbstständigen, die vom gesetzlichen Unfallversicherungschutz erfasst werden, sind seit dem 1. 4. 1971 auch Schüler und Studenten sowie Kinder in Kindergärten unfallversichert. Seit dem 1. 1. 1997 sind Kinder während des Besuchs von Tageseinrichtungen unfallversichert. Hierbei handelt es sich im Einzelnen um

- Kinder während des Besuchs von Tageseinrichtungen,
- Schüler während des Besuchs allgemein bildender Schulen,
- Lernende während der beruflichen Aus- und Fortbildung und ehrenamtlich Lehrende in Betriebsstätten, Lehrwerkstätten, berufsbildenden Schulen, Schulungskursen und ähnlichen Einrichtungen,
- Studierende während der Aus- und Fortbildung an Hochschulen.

Von der Leistungsseite her genießen die Versicherten der Schülerunfallversicherung den gleichen Versicherungsschutz wie alle anderen in der gesetzlichen Unfallversicherung erfassten Personengruppen.

Im Gegensatz zu den Arbeitnehmern, die über ein regelmäßiges Einkommen verfügen, das als Berechnungsgrundlage für alle Geldleistungen dient, haben Schüler und Studenten sowie Kinder in Kindergärten in der Regel kein festes Einkommen. Aus diesem Grunde gilt als Jahresarbeitsverdienst:

- für Versicherte, die das 6. Lebensjahr noch nicht vollendet haben, ein Viertel,
- für Versicherte, die das 15. Lebensjahr noch nicht vollendet haben, ein Drittel
- für Versicherte, die das 18. Lebensjahr noch nicht vollendet haben, 40 v. H.,
- für Versicherte, die das 18. Lebensjahr vollendet haben, 60 v. H. der im Zeitpunkt des Arbeitsunfalles maßgebenden **Bezugsgröße** (wird vom Gesetzgeber jährlich neu bestimmt).

Renten in der gesetzlichen Schülerunfallversicherung 2007

Alter des Verletzten	Grad der Invalidität in Prozent	monatliche Rente in € Alte Bundesländer	Neue Bundesländer
bis zum 6. Lebensjahr	100	381,94	322,11
	80	305,24	257,69
	60	229,06	193,27
	40	152,87	128,85
	20	76,18	64,42
ab dem 6. bis zum 14. Lebensjahr	100	508,74	429,49
	80	406,99	343,59
	60	305,24	257,69
	40	203,49	171,79
	20	101,75	85,90
Jugendliche ab dem 14. Lebensjahr bis zum 18. Lebensjahr	100	610,99	515,38
	80	488,80	412,10
	60	366,60	309,33
	40	244,40	206,05
	20	122,20	103,28
ab dem 18. Lebensjahr	100	916,24	773,07
	80	733,19	618,66
	60	549,13	463,74
	40	366,60	309,33
	20	183,04	154,41

Bezugsgröße für die Sozialversicherung 2007:

25 200,00 € neue Bundesländer
29 400,00 € alte Bundesländer

▶ **Beispiel**

Der 16-jährige Schüler Peter Berg erleidet auf dem Weg zur Schule einen Verkehrsunfall; die Minderung der Erwerbsfähigkeit beträgt 50 %:

Bezugsgröße für 2007/neue Bundesländer Jahresarbeitsverdienst nach § 85 SGB VII	25 200,00 €
40 % von 25 200,00 €	10 080,00 €
⅔ von 10 080,00 €	6 720,00 €
Teilrente = 50 % von 6 720,00 €	3 360,00 €
monatlich	280,00 €

Merkmale

- versicherte Person
- Finanzierung
- Prävention
- Leistungen
- Versicherungsträger

▶ Praxishinweise

Versicherte Personen

bei Unfall geschützte Personen

alle Arbeitnehmer, einige Selbstständige ➡	während der beruflichen Tätigkeit; auf dem Weg zur und von der Arbeit
Lebensretter ➡	während der Hilfeleistung
Kinder, Schüler, Studenten ➡	bei Besuch des Kindergartens, der Schule, der Hochschule, auf dem Hin- und Rückweg

2.7 Vergleich GUV/PUV

GUV	PUV
Versicherungsträger/Versicherungsunternehmen	
Berufsgenossenschaften und Versicherungsträger der öffentlichen Hand	Private Versicherungsunternehmen AG, VVaG, öffentlich-rechtliche Anstalten
Beiträge	
Arbeitgeber bzw. Bund, Länder, Gemeinden	Versicherungsnehmer
Entstehung des Versicherungsverhältnisses	
Zwangsversicherung Dienst-Arbeitsverhältnis Schüler, Student mit Besuch der Einrichtung Personen im Interesse der Allgemeinheit – Ausschnittdeckung –	Freie Vertragsgestaltung Rundumschutz 24 Std., ganze Welt

GUV	PUV
Versicherte Personen	
Personen in einem Arbeits-, Dienst- oder Ausbildungsverhältnis, Kindergarten-Kinder ab dem dritten Lebensjahr, Schüler und Studenten	Grundsätzlich kann jeder eine Unfallversicherung abschließen. Altersgrenzen beachten!
Versicherte Gefahren	
Arbeitsunfälle, Berufskrankheiten, einschließlich Unfälle auf dem Wege zum und vom Arbeitsplatz	Versicherungsschutz „rund um die Uhr" für alle Unfälle
Örtliche Geltung	
Deutschland sowie bei vorübergehenden berufsbedingten Auslandsaufenthalten	in der ganzen Welt
Versicherungssummen	
Berechnungsgrundlage ist der „Jahresarbeitsverdienst" (JAV) vor dem Unfall	individuelle Höhe der Versicherungssumme nach persönlichem Bedarf
Leistungsarten	
Heilbehandlung, Verletztengeld, Berufshilfe, Übergangsgeld, Verletztenrente, Pflegegeld, Sterbegeld, Überführungskosten (zum Ort der Bestattung), Witwen-/Witwerrente, Waisenrente, Elternrente.	Kapitalzahlung bei Invalidität bzw. Tod durch Unfall, Übergangsleistung, Unfall-Krankenhaus-Tagegeld mit oder ohne Genesungsgeld, Unfall-Tagegeld, Kosten für unfallbedingte kosmetische Operationen, Bergungs- und Rettungskosten, Unfallrente.
Höhe der wichtigsten Leistungen	
Verletztenrente: wird erst ab einer Minderung der Erwerbsfähigkeit (= MdE) von 20 % gezahlt. Bei 100 % MdE: die Vollrente in Höhe von 2/3 des Jahresarbeitsverdienstes (= JAV). Bei teilweiser MdE: entsprechender Teil der Vollrente.	Die Leistungen richten sich nach der Höhe der gewählten Versicherungssummen. Der VN kann die Zusammenstellung der verschiedenen Leistungsarten sowie die Höhe der Versicherungssummen gemäß seinen individuellen Risikoverhältnissen beantragen (z. B. progressive Invaliditätsleistung ab

GUV	PUV
Verletztengeld: wird ab Beendigung der Lohnfortzahlung für die Dauer der Heilbehandlung gewährt: 80 % des Regellohnes (= Bruttoarbeitsentgelt pro Kalendertag), höchstens jedoch Nettolohn. **Übergangsgeld:** bei Gewähr von berufsfördernden Leistungen (z. B. Umschulung), höchstens 80 % des Verletztengeldes. **Sterbegeld:** 1/12 des JAV. **Witwen-/Witwerrente:** 3/10 des JAV. 4/10 des JAV, wenn Witwe(r) älter als 45 oder berufs- bzw. erwerbsunfähig ist oder mindestens ein waisenrentenberechtigtes Kind erzieht. **Waisenrente:** Halbwaisen: 2/10 des JAV. Vollwaisen: 3/10 des JAV. **Elternrente:** 2/10 des JAV für ein Elternteil bzw. 3/10 des JAV für das Elternpaar, sofern die Eltern vom Versicherten unterhalten wurden. **Hinterbliebenenrenten:** Sie dürfen zusammen höchstens 80 % des JAV betragen. Verrechnung mit Leistungen aus der gesetzlichen Rentenversicherung (GRV): Beide Renten dürfen zusammen eine Höchstgrenze nicht überschreiten. Der jeweilige Teil der GRV-Rente ruht insoweit.	26%igem Invaliditätsgrad, doppelte Invaliditätsleistung ab 90%igem Invaliditätsgrad oder dreifache Invaliditätsleistung ab 70%igem Invaliditätsgrad). Soweit eine Einstufung des Invaliditätsgrades nach der **Gliedertaxe** erfolgt, gilt als Leistungskriterium der Verlust oder die Funktionsunfähigkeit von Sinnesorganen oder Körperteilen. Die in der GUV erforderliche Mindestinvalidität von 20 % gibt es nicht. Die **Übergangsleistung** wird fällig, wenn nach Ablauf von 6 Monaten, vom Unfalltag an gerechnet, noch eine Beeinträchtigung der normalen körperlichen oder geistigen Leistungsfähigkeit von mehr als 50 % besteht. **Unfall-Tagegeld** wird für die Dauer eines Jahres, **Unfall-Krankenhaus-Tagegeld** für die Dauer von zwei Jahren – vom Unfalltag an gerechnet – bedingungsgemäß gezahlt. **Genesungsgeld** wird zusätzlich für die gleiche Anzahl von Kalendertagen wie das Unfall-Krankenhaus-Tagegeld, höchstens jedoch für 100 Tage, bedingungsgemäß gezahlt. Die **Kosten für unfallbedingte kosmetische Operationen** werden bis zur Höhe der Versicherungssumme übernommen, wenn die Körperoberfläche durch einen Unfall derart beschädigt oder verformt wird, dass das äußere Erscheinungsbild dauernd beeinträchtigt bleibt. **Bergungs- und Rettungskosten** sind ohne Mehrbeitrag tariflich pro versicherter Person eingeschlossen. Die Leistungen aus der privaten Unfallversicherung werden mit anderen Leistungen nicht verrechnet.

GUV	PUV
Berufskrankheiten	
anerkannte eingeschlossen	nicht eingeschlossen
Kumulierung der Leistung	
Ansprüche gehen auf GUV über ▪ Forderungsübergang	PUV wird zusätzlich geleistet, z. B. neben einem Haftpflicht-Anspruch
Vererbbarkeit der Leistung	
Nur auf Kinder, Ehepartner gehen Ansprüche über ▪ neu: eingetragene Lebensgemeinschaften	an alle Personen möglich
Gerichtsbarkeit	
Sozialgericht	Ordentliche Gerichte

Übungen

1. Welche Personen sind kraft Gesetzes unfallversichert?
2. Beschreiben Sie die unterschiedlichen Aufgabenstellungen der Berufsgenossenschaft.
3. Entscheiden Sie, ob die gesetzliche Unfallversicherung helfen kann:

   a) Durch einen Kesselbruch in der Firma Stumpf AG erleidet der Monteur Bader sehr starke Verbrennungen. Es verbleibt eine dauernde Erwerbsminderung von 35 %.
   b) Beim Spielen auf dem öffentlichen Spielplatz bricht sich der 10-jährige Klaus den linken Fuß. Es verbleibt eine Gelenkversteifung.
   c) Auf der Fahrt zur Universität verunglückt der 20-jährige Student Hans M. schwer. Das Studium muss dadurch für 3 Semester unterbrochen werden.
   d) Die Hausfrau Hilde Strunz stürzt an ihrem 65. Geburtstag die Treppe hinunter – ihr linker Arm bleibt bewegungsunfähig.
   e) Jeden Morgen läuft der Bankangestellte Heiner Kranz eine Strecke von ca. 5 km, um sich fit zu halten. Durch einen streunenden Hund, der ihn beißt, erleidet er eine langwierige Infektionskrankheit und ist für 6 Monate arbeitsunfähig.
   f) In einer gemeinschaftlichen Turnstunde im Kindergarten fällt die 4-jährige Kathrin von einem Trampolin und erleidet Rippenbrüche und dadurch eine Lungenschädigung, die sie dauerhaft behindert.
   g) Der Hobbyjäger Jean Luft, Gruppenleiter in einer Bank, wird von einem Querschläger getroffen. Eine Teilversteifung der linken Hand behindert ihn im Beruf zwar nicht, trotzdem will er aufgrund dieser Teilinvalidität eine Entschädigung beanspruchen.
   h) Der 22-jährige Chemiestudent experimentiert zu Hause – dabei kommt es zu einer Verpuffung, wodurch er Gesichtsverbrennungen erleidet und ein Auge stark in der Sehfähigkeit beeinträchtigt wird.
   i) Der kaufmännische Angestellte Ralf Winter ist mit seinem Pkw auf dem Weg zum Badminton-Training. Er entgeht knapp einem Verkehrsunfall, greift jedoch ein, um anderen Verletzten Erste Hilfe zu leisten. Dabei wird er von einem Fahrzeug erfasst und selbst verletzt.

4. Vergleichen Sie die Leistungen der privaten und gesetzlichen Unfallversicherung

   a) hinsichtlich der Leistungsarten
   b) bei Dauerfolgen
   c) im Todesfall

5. Ein Arbeitnehmer hat einen Jahresarbeitsverdienst von 30 000,00 €. Nach einem Arbeitsunfall liegt eine Erwerbsminderung von 100 % bzw. 40 % vor.

   Ermitteln Sie die monatliche Rentenleistung der Berufsgenossenschaft.

6. Ein Arbeiter mit 30 000,00 € Jahresarbeitsverdienst erleidet einen tödlichen Arbeitsunfall. Ermitteln Sie die monatliche Rentenleistung der Berufsgenossenschaft für die

   a) 35-jährige Witwe
   b) 30-jährige Witwe mit einem dreijährigen Kind

7. Ein angestellt tätiger Vertriebsleiter befindet sich auf einer 4-tägigen Dienstreise zu einer Fortbildungsmaßnahme.

   Beurteilen Sie, ob Versicherungsschutz im Rahmen der gesetzlichen Unfallversicherung besteht:

   a) Die Anreise zum Seminarort erfolgt mit der Bahn
   b) Während der Verantstaltung bricht in dem Seminarraum ein Brand aus
   c) Der Vertriebsleiter besucht allein in den Abendstunden ein Museum
   d) Für die Heimreise werden auf dem Bahnhof Erkundigungen nach Zugverbindungen eingeholt
   e) Während der Übernachtung im Hotel bricht ein Feuer aus

8. Während eines Betriebsausfluges werden zur Unterhaltung einige Partien auf einer Kegelbahn gespielt – einer Mitarbeiterin fällt die Kegelkugel auf den Fuß. Ist die BG zuständig?

9. Ein Betriebsangehöriger verlässt vor dem offiziellen Ende der Veranstaltung das Lokal. Handelt es sich bei nachfolgenden Ereignissen um Schäden, die durch die BG gedeckt sind?

   a) Auf dem Nachhauseweg wird der MA von einem Pkw erfasst.
   b) Auf dem Nachhauseweg kehrt der MA noch in eine Gaststätte ein und wird dort in eine Rauferei verwickelt.

10. Ein Unternehmen bietet den Mitarbeitern auf dem Betriebsgelände die Nutzung eines Schwimmbades. Im Rahmen der Gleitzeitregelung nutzt ein Auszubildender ab 15.30 Uhr diese Möglichkeit und stürzt beim Rennen über die feuchten Fliesen.

    Handelt es sich um einen versicherten Arbeitsunfall?

11. Ein Radio- und Fernsehtechniker nutzt die Möglichkeit, den defekten Receiver seiner HiFi-Anlage am Arbeitsplatz zu reparieren – dabei zieht er sich durch Unachtsamkeit eine größere Verletzung zu.

    Kann der Betroffene Leistungen der BG beanspruchen?

Wiederholungsaufgaben

1. Prüfen Sie, ob es sich um einen leistungspflichtigen Unfallschaden handelt:
   a) Herr Sommer wird überfallen und verprügelt – dabei erleidet er schwere Verletzungen
   b) Beim Rasieren schneidet sich Herr Krämer in den Hals
   c) Herr Breuer wird von einem Waldbrand eingeschlossen. Bis er gerettet werden kann, zieht er sich eine starke Rauchvergiftung zu
   d) Herr Lenz stürzt – aufgrund der erlittenen inneren Verletzungen verschlimmert sich der Gesundheitszustand über einen Zeitraum von 8 Monaten so sehr, dass der Todesfall eintritt.
   e) Frau Felder steht auf einer Leiter, um Gardinen aufzuhängen. Plötzlich wird ihr schwindlig und sie stürzt, wobei ein Armbruch die Folge ist.

2. Brief des Kunden Schröder vom 17. 5.

   Sehr geehrte Damen und Herren,
   hiermit widerrufe ich meinen am 3. Mai gestellten Antrag auf Abschluss einer Unfallversicherung. Nach Auskunft meines Arbeitgebers bin ich bereits durch die Berufsgenossenschaft gegen Unfall versichert. Da ich nicht zwei Unfallversicherungen benötige, widerrufe ich hiermit meinen Antrag. (Antragsmodell)

   Mit freundlichen Grüßen
   Harald Schröder

   Vertragsdaten:

Harald Schröder	Betriebsschlosser
Maria Schröder	Hausfrau
Julia Schröder	Schülerin 12 Jahre
Daniele Schröder	Schülerin 10 Jahre

   Fertigen Sie eine Notiz mit den Argumenten, die den Kunden von den Vorteilen einer Unfallversicherung überzeugen können. Gehen Sie auf fünf Vorteile der privaten Unfallversicherung ein.

3. Herr Ahlers beantragt mit Beginn 16. 8. 20.. eine Unfallversicherung nach AUB. Anschließend begibt er sich auf eine Bergtour in den Hochalpen. Dort stürzt er am 25. 8. in eine Gletscherspalte, ohne sich zu verletzen. Als er 30 Stunden später gefunden und geborgen wird, ist er erfroren. Am 28. 8. wird der Versicherungsschein zugestellt. Frau Ahlers veranlasst am 10. 9. die Zahlung per Bankanweisung; die Gutschrift auf dem Konto des Versicherers erfolgt am 12. 9. Frau Ahlers beansprucht die vereinbarte Versicherungssumme von 80 000 € für ihren tödlich verunglückten Ehemann.

   Erläutern Sie Merkmale des Unfallbegriffs für diesen Versicherungsfall und die vertragliche Leistungspflicht des Versicherers.

4. Ein Vertrag besteht mit folgenden Leistungsarten: Tod 20 000,00 €, Invalidität mit progressiver 225 %-Staffel 50 000,00 €, Krankenhaus-Tagegeld und Genesungsgeld 25,00 €, Tagegeld ab 8. Tag 10,00 €, verbesserte Übergangsleistung 5 000,00 €. Am 20. 4. erleidet der VN Happe einen Unfall mit stationärer Behandlung bis einschl. 10. 7. Daran schließt sich eine Arbeitsunfähigkeit bis 15. 10. an. Schließlich verbleibt eine Invalidität von 64 %.

   Ermitteln Sie die Leistung des Versicherers.

5. Unfallversicherung Nr. 47110123, Fälligkeit 1. 3. eines jeden Jahres Kunde: Martin Müller; Sohn: Norbert, zum Kindertarif versichert

   Herr Müller teilt Ihnen mit, dass das mitversicherte Kind am 20. Juli 2008 das 18. Lebensjahr vollendet.

   Notieren Sie stichpunktartig, was Sie dem Versicherungsnehmer mitteilen.

6. In einem Beratungsgespräch sollen Sie Stellung zur Versteuerung von Unfall-Leistungen nehmen.

   Wie ist die grundsätzliche Regelung?

7. Die versicherte Hammes hat für ärztliche Bescheinigungen über Behandlung und Krankenhausaufenthalt 30,00 € zahlen müssen.

   Besteht hierfür Erstattungspflicht durch den Unfall-Versicherer?

8. 13 Monate nach einem Unfall-Schaden wird ärztlicherseits eine Invalidität von 18 % bestätigt. Der VN Lücke befürchtet jedoch, dass später eine Verschlechterung eintreten könnte.

   Besteht die Möglichkeit einer erneuten späteren Leistungsfeststellung und Anpassung der Höhe der Leistung?

9. Aus einer Schadenmeldung geht hervor:

   > „Ich half einem Bekannten beim Umzug. Beim Anheben einer Kühltruhe zog ich mir einen Muskelriss im Oberarm und einen Leistenbruch zu."

   Besteht für diese Gesundheitsschädigungen Versicherungsschutz? Begründen Sie Ihre Aussage.

10. Nach einem Unfall ist die rechte Hand von Frau Selig zu 60 % gebrauchsunfähig. An dieser Hand fehlte bereits der Daumen. Unfallunabhängige Krankheiten haben bei den Unfallfolgen zu 30 % mitgewirkt. Die Versicherungssumme für Invalidität beträgt 100 000 € (mit Progression 350 %).

    Berechnen Sie die Entschädigung.

11. Erläutern Sie, ob nachfolgende Vergiftungsschäden leistungspflichtige Schadenfälle darstellen:

    a) Bei einem Urlaubsaufenthalt in Tunesien wird der VN von einer Giftschlange gebissen
    b) Nach Genuss eines Pilzgerichts wird der VN mit Vergiftungserscheinungen ins Krankenhaus eingeliefert
    c) Nach Biss eines tollwütigen Hundes ist der Versicherungsnehmer längere Zeit arbeitsunfähig
    d) Ein neunjähriges Kind trinkt versehentlich eine säurehaltige Flüssigkeit
    e) Nach übermäßigem Alkoholgenuss stürzt der VN in eine Baugrube

12. Erläutern Sie, ob nachfolgende Sachverhalte Unfälle im Sinne der AUB sind:

    a) In Büroräumen werden neue Teppiche verlegt. Die Mitarbeiterin Susanne M. wird beim Einatmen der Lösungsmitteldämpfe plötzlich ohnmächtig und ins Krankenhaus eingeliefert. Es werden Verätzungen der Luftröhre festgestellt.
    b) Spaziergänger werden Zeugen, als sich der 35-jährige Heiner H. vom 181 Meter hohen Olympiaturm in die Tiefe stürzt. Durch den Aufprall tritt sofort der Tod ein.
    c) Ihr VN lag nach einem Verkehrsunfall mit schweren Schädelverletzungen 10 Wochen im Krankenhaus. Nach der Entlassung verbleiben jedoch Kopfschmerzen, die sich sogar wieder verschlimmern. Nach 3 Monaten tritt plötzlich der Tod ein – bei der Obduktion stellt der Arzt ein unfallbedingtes Blutgerinsel im Gehirn fest.
    d) In einem Betrieb wird eine langjährige Mitarbeiterin verabschiedet. Ihr VN lässt, da ein paar Glas Bier zu viel getrunken wurden, den Pkw stehen und fährt mit der Straßenbahn nach Hause. Ein Lkw fährt in die Straßenbahn hinein, wobei Ihr VN verletzt wird und 3 Wochen Krankenhausaufenthalt die Folge sind.

13. Ermitteln Sie aufgrund des nachstehenden Falles die einzelnen Leistungen aus der Unfallversicherung (AUB Proximus):

    Es besteht für den VN Meyer eine Unfallversicherung mit 20 000 € Tod und 100 000 € Invalidität. Der Kunde erleidet einen schweren Verkehrsunfall mit anschließender Amputation eines Beines Mitte Oberschenkel (Gliedertaxe 70 %).

    Varianten

    a) Der Kunde Meyer stirbt nach vier Monaten an einer Blutvergiftung, die nach einer Eiterung des Beinstumpfes eingetreten ist.
    b) Der Kunde Meyer stirbt nach neun Monaten an einem Herzinfarkt, der nicht im Zusammenhang mit dem Unfall steht.
    c) Der Kunde Meyer stirbt nach 13 Monaten an einer Blutvergiftung nach vorausgegangener Stumpfeiterung.

d) Der Kunde Meyer beansprucht noch während der stationären Behandlung im ersten Unfalljahr eine Invaliditätsleistung.
e) Der Versicherer stellt bei Feststellung der Invaliditätsleistung fest, dass der Kunde am verletzten Bein eine Vorschädigung des Knies mit einer Minderung der Gebrauchsfähigkeit von 20 % hatte.
f) Nach 30 Monaten – noch vor der endgültigen Feststellung der Invaliditätsentschädigung – stellt sich heraus, dass durch das Tragen der Prothese die Leistungsfähigkeit der Wirbelsäule auf Dauer um 40 % beeinträchtigt ist.
g) Erst nach 42 Monaten wird der Schaden an der Wirbelsäule ärztlich festgestellt.

Wiederholungsaufgaben zur schriftlichen Prüfung

Sie sind Mitarbeiter/-in der Versicherungsagentur Bähre.

1. Aufgabe

Situation

Herr Franz Gerler ist am Abschluss einer privaten Unfallversicherung interessiert. Er hat mit Ihnen einen Termin vereinbart.

Folgende Daten des Kunden sind Ihnen bekannt:

Name:	Franz Gerler
Anschrift:	Hauptstraße 24, München
Geburtsdatum:	15. Mai 1968
Beruf:	Kommunikationselektroniker
Hobby:	Surfen, Eishockey, Paragliding

Herr Gerler fragt Sie außerdem, welcher Versicherungsumfang angemessen ist und ob seine sportlichen Aktivitäten mitversichert sind.

Aufgabe

Beraten Sie Herrn Gerler.

2. Aufgabe

Situation

Sie erfahren, dass Harald Steinhauser – Sohn eines langjährigen Kunden, beabsichtigt zu heiraten. Herr Steinhauser ist 23 Jahre alt und Bankkaufmann. Sie vereinbaren in einem ersten Beratungsgespräch mit ihm die Abgabe eines schriftlichen Angebots einer Unfallversicherung.

In dem Gespräch wurde lediglich die Invaliditätsleistung in Höhe von 125 000,00 € konkretisiert. Herr Steinhauser hat ebenfalls Interesse am Todesfallschutz und auch ein Krankenhaus-Tagegeld sollte mitversichert sein. Schließlich soll die angehende Ehefrau, die im gleichen Unternehmen wie er tätig ist, mitversichert werden.

Aufgabe

Erstellen Sie ein Angebot mit halbjährlicher Zahlungsweise.

3. Aufgabe

Situation

Ihre Kundin, Sarah Bracht, informiert sich bei Ihnen über die Vorteile der privaten Unfallversicherung.

Sie möchte über die Leistungen „Invalidität" und „Übergangsleistung" und den Zusammenhang dieser beiden Leistungsarten von Ihnen ausführlich informiert werden.

Aufgabe

Beraten Sie Frau Bracht.

4. Aufgabe

Situation

Sie besuchen Ihren Kunden Kurt Schneider, geboren am 17. August 1934 (bestehende Verträge: Hausratversicherung, Lebensversicherung, Kraftfahrtversicherung und Rechtsschutzversicherung). Im Verlauf des Gesprächs erfahren Sie, dass Herr Schneider beabsichtigt, seinen Ruhestand auf Mallorca zu verbringen und zu diesem Zweck auch seinen Wohnsitz dorthin zu verlegen. Er ist am Abschluss einer privaten Unfallversicherung interessiert.

Aufgabe

Welche Auskunft geben Sie Herrn Schneider?

5. Aufgabe

Situation

Ihr neuer Kunde Heinz Crommer hat sich soeben zum Abschluss einer privaten Einzel-UV entschieden und füllt mit Ihnen gemeinsam das Antragsformular aus.

Hierbei stellt er Ihnen drei Fragen bei der Leistungsermittlung zur privaten Unfallversicherung.

a) Wo liegt der Unterschied zur Berufsunfähigkeitsversicherung?
b) Was ist der Unterschied zwischen einer Unfallversicherung und einer Krankenversicherung?
c) Kann es zu Mehrfachansprüchen kommen und wer ist dann zur Zahlung verpflichtet?

Aufgabe

Informieren Sie Herrn Crommer.

6. Aufgabe

Situation

Heute bekommen Sie die Aufgabe, sich auf den Besuch bei der Familie Fey vorzubereiten. Die Familie Fey hat bei Ihrer Gesellschaft bereits eine Hausrat-, Wohngebäude-, Haftpflicht- und Kfz-Haftpflichtversicherung. Herr Fey hat noch ein Krankentagegeld in Höhe von 50,00 €/Tag abgeschlossen. Die Familie interessiert sich für den Abschluss einer Unfallversicherung. Für Oma Fey besteht bei Ihrer Gesellschaft bereits eine Einzelunfallversicherung mit einer Invaliditätssumme in Höhe von 80 000,00 € und eine Todesfallleistung in Höhe von 20 000,00 €. Sie besorgen sich die Vertragsunterlagen der Familie und entnehmen diesen folgende Informationen:

Herr Fey (38 Jahre)

- kaufmännischer Angestellter (Jahresverdienst: brutto 90 000,00 €, netto 60 000,00 €)
- Hobby: Fußball

Frau Fey (35 Jahre)

- Hausfrau
- Hobby: Drachenfliegen

Kinder

Tochter Sabine, Schülerin, 9 Jahre
Sohn Norbert, Student, 18 Jahre

Oma Fey (68 Jahre)

- Rentnerin

Aufgaben

1) Analysieren Sie die Risikolage der Familie Fey im Hinblick auf den möglichen Abschluss einer Unfallversicherung. Leiten Sie Verkaufsargumente für den Abschluss einer Unfallversicherung aus der Risikolage ab.
2) Unterbreiten Sie ein Angebot.

7. Aufgabe

Situation

Ihr Kunde Rolf Kunert ruft aufgeregt an:

Vor zwei Wochen erhielt er ein Mahnschreiben mit Zahlungsfrist von zwei Wochen – er hat vergessen den Beitrag zu seiner Familien-Unfallversicherung zu überweisen.

Am Nachmittag ist sein mitversicherter Sohn Jens, fünf Jahre alt, auf dem Weg vom Kindergarten in einen Verkehrsunfall verwickelt und verletzt worden. Er liegt im Krankenhaus.

Herr Kunert fragt nun nach, was er tun soll und ob für seinen Sohn Versicherungsschutz besteht.

Aufgabe

Informieren Sie Herrn Kunert über die Rechtslage.

8. Aufgabe

Situation

Sie erhalten folgendes Schreiben

> Anna Malator — Zingsheim, 30. 5. 2008
> Rübestraße 23
> 90097 Zingsheim
>
> Kinder-Unfallversicherung UK 2519/95
>
> Sehr geehrte Damen und Herren,
>
> für meinen Sohn Markus, geboren am 2. 8. 1992, besteht bei Ihnen obige Kinderunfallversicherung (Beginn: 1. 6. 1995). Versicherungsnehmer ist mein am 5. April 2008 verstorbener Vater (geb. 13. 11. 1949, Sterbeurkunde anbei).
>
> Bitte teilen Sie mir mit, ob dieser Vertrag jetzt durch den Tod meines Vaters beendet ist.
>
> Mit freundlichen Grüßen

Aufgabe

Informieren Sie Frau Malator.

9. Aufgabe

Situation

In einem Beratungsgespräch bei Joshua Schuss erfahren Sie, dass Herr Schuss sich als Vermögensberater selbstständig gemacht hat.

Aus Ihren Unterlagen entnehmen Sie folgenden Vertragsspiegel (Auszug):

VN/VP	Joshua Schuss	
Geburtsdatum	11. 6. 1970	
Beruf	Metzger	
Versicherte Leistungen		
Invalidität Modell 500	50 000,00 €	zu 4,41 ‰
Tod	10 000,00 €	zu 2,475 ‰
Krankenhaus-Tagegeld	25,00 €	zu 1,65 ‰
Übergangsentschädigung	3 000,00 €	zu 4,965 ‰

Aufgabe

Erklären Sie Herrn Schuss die Auswirkungen seines Berufswechsels auf den Vertrag und erstellen Sie ihm ein neues Angebot.

10. Aufgabe

Situation

Der unfallversicherte Kunde Lorenz Paulssen (kaufmännischer Angestellter, ledig, JAV 30 000,00 €) erscheint in Ihrem Service-Center und bittet um Auskunft zu folgendem Thema:

Im Bekanntenkreis wurde ihm erklärt, dass eine private Unfallversicherung im Grunde überflüssig sei, da doch die gesetzliche Unfallversicherung im Schadenfall auch ausreichende Leistungen gewähren würde.

Aufgabe

Informieren Sie Herrn Paulssen entsprechend, indem Sie auch Leistungsvergleiche anstellen.

11. Aufgabe

Situation

Ihr Versicherungsnehmer Gero Schlüter (kaufmännische Berufstätigkeit) hat bei Ihrer Gesellschaft folgenden Versicherungsvertrag:

Invalidität mit Mehrleistung ab 90 %:	60 000,00 €
Todesfallleistung	10 000,00 €
Krankenhaus-Tagegeld	15,00 €
Zahlungsweise	1/1

Nach Vereinbarung möchte er seine Ehefrau Helga (Hausfrau) mit etwa den gleichen Leistungen und Summen in den Vertrag einschließen. Der 3-jährige Sohn Ewald wird mit

25 000,00 € Invalidität mit 350 % Progression
5 000,00 € Todesfallleistung

ebenfalls mitversichert.

Der Vertrag soll auf monatliche Zahlungsweise umgestellt werden.
Vertragsdauer 3 Jahre

Aufgabe

Herr Schlüter möchte von Ihnen wissen, wie viel er jährlich mehr zu zahlen hat.

12. Aufgabe

Familie Berger hat bei Ihrer Gesellschaft eine Familienversicherung abgeschlossen (Vater, Mutter, Tochter und Sohn). Da die Familie eine lang ersehnte Weltreise antreten möchte, fragt Herr Berger bei Ihnen nach, ob die Familie auch im Ausland gegen Unfallschäden versichert ist, zumal man ihm im Reisebüro eine spezielle Reiseunfallversicherung angeboten hat. Ferner sollen verschiedene Verkehrsmittel, wie PKW, Flugzeug, Ballonfahrt, Schiff, Bahn, Wohnmobil und teilweise auch Motorrad auf der Reise genutzt werden.

Beraten Sie Familie Berger.

Führen Sie Aspekte des Beratungsgespräches an.

13. Aufgabe

Sie sind Mitarbeiter/-in der Vertragsabteilung der Proximus Allgemeine Versicherung AG. Ihr Kunde, Herr Mössner, teilt Ihnen per Fax mit, dass sich seine berufliche Situation geändert habe. Aufgrund fortwährender rheumatischer Beschwerden ist er seit zwei Wochen nicht mehr als Werkstattleiter eines großen Autohauses tätig. Er konnte in seinem bisherigen Unternehmen stattdessen als qualifizierter Automobilverkäufer einen neuen Aufgabenbereich im Vertrieb übernehmen. Herr Mössner will nun wissen, ob sich durch seine neue berufliche Tätigkeit die Beitragshöhe seiner Unfallversicherung ändert, bei Beibehaltung des bisherigen Versicherungsschutzes.

Ihnen liegen folgende Vertragsdaten vor:

	Name	Vorname	Geburtsdatum	Beruf	A = Angestellte/r AR = Arbeiter/-in S = Selbstständig B = Beamtin/-er
Vers.-nehmer	Mössner	Björn	26. 9. 1969	Kfz-Meister	A
Ehepartner					
Kinder					
Anschrift	Würmtalstr. 11, 75181 Pforzheim				

Versicherungsnachweis	
Versicherungsnummer	U471112003.001 vom 4. 11. 2006
Tarif	Einzel-Unfallversicherung, Gefahrengruppe B
Dynamik (%)	–
Bedingungen	AUB 2008
Beginn	1. 12. 2008
Ablauf	1. 12. 2011
Zahlungsweise	jährlich
Beitrag/Rate	434,30 €
Fälligkeit	1. 12.
Beitragskonto	ausgeglichen
Versicherte Person	Mössner, Björn
Weitere versicherte Personen	–
Invalidität	80 000,00 €
Übergangsleistung	5 000,00 €
Tagegeld	–
Krankenhaus-Tagegeld	30,00 €
Todesfall-Leistung	40 000,00 €
Progression	225 %

Beraten Sie Herrn Mössner und berechnen Sie den neuen Jahresbeitrag.

14. Aufgabe

Unfallversicherung – Vertragsdaten
100 000 € Tod
300 000 € Invalidität 350 % Progression
Übergangsleistung 20 000 €
Krankenhaus-Tagegeld und Genesungsgeld 50 €

VN: Peter Lück, Moselweg 20, 50374 Erftstadt
verheiratet, 2 Kinder

Ihr Kunde Peter Lück hat bei Ihnen schon mehrere Verträge bestehen. Anlässlich einer Neuordnung seiner Unfallversicherung erfahren Sie, dass er sich vor 6 Monaten für 12 Jahre bei der Luftwaffe der Bundeswehr verpflichtet hat. Er findet diese Tätigkeit abwechslungsreicher als seinen bisherigen Büroberuf. Außerdem erhält er eine qualifizierte Ausbildung, die ihm nach Ablauf seiner Dienstzeit einen guten Start in der Privatwirtschaft ermöglicht.

Er möchte seinen Versicherungsschutz überprüfen lassen.

1. Machen Sie sich für ein Gespräch mit Ihrem Kunden stichwortartige Notizen.
2. Führen Sie auf, welche Konsequenzen dies bei einem eingetretenen Schaden gehabt hätte.

15. Aufgabe

Situation

Sie sind Mitarbeiter/-in in der Vertragsabteilung der Proximus Allgemeine Versicherung AG. Frau Sailer hat bereits für sich eine Unfallversicherung bei Ihrer Gesellschaft und möchte von Ihnen nun einige Auskünfte zur Absicherung ihres Sohnes Jonas (10 Jahre) und ihr zu erwartendes zweites Kind. Voraussichtlicher Geburtstermin soll der 10. Juli sein.

Zunächst möchte sie wissen, in welchen Fällen ihr Sohn Jonas in der gesetzlichen Unfallversicherung versichert ist und wieso eine Kinder-Unfallversicherung unabhängig davon sinnvoll ist.

Außerdem haben Sie im Gespräch auf die Kinder-Vorsorge-Versicherung für das Neugeborene hingewiesen. Frau Sailer möchte den Versicherungsschutz für eine eventuelle Invalidität erklärt haben und fragt zusätzlich, ob man diese Versicherung auch erhält, wenn man keine Kinderunfallversicherung für das Neugeborene abschließt.

Aufgabe

Beraten Sie Frau Sailer.

16. Aufgabe

Situation

Sie erhalten die Schadenmeldung Ihres Kunden Hans Halle, der nach einem Sportunfall mit einem Beinbruch vom 13. 4. bis 29. 4. d. J. im Krankenhaus lag.

Vertrag Nr.	978674-c
VN/VP	Hans Halle
Geburtsdatum	1. 5. 1978
Invalidität 225 Modell	100 000,00 €
Tod	40 000,00 €
Übergangsleistung	5 000,00 €
Krankenhaus-Tagegeld und Genesungsgeld	30,00 €

Aufgabe

Ermitteln Sie die anfallenden Leistungen und geben Sie an, welche Unterlagen und Belege Herr Halle einreichen muss.

17. Aufgabe

Situation

Sie bearbeiten folgenden Versicherungsfall:

Der Versicherungsnehmer Leon Pertika erlitt als Gabelstaplerfahrer seit 5 Monaten bei der Beladung eines Lkw am 28. 8. 2008 einen Unfall, der zu einer Verminderung der Gebrauchsfähigkeit seines rechten Beines um 70 % führte. Die erforderlichen Nachweise liegen vor.

Auszug aus dem Vertrag

VN/VP	Leon Pertika
Geburtsdatum	14. 2. 1968
Beruf	kaufmännischer Angestellter
Vertragsbeginn	15. 3. 2004
Versicherte Leistungen	
Invalidität mit 350 % Progression	75 000,00 €
Tod	25 000,00 €
Beitragssatz – A	1,47 ‰
Beitragssatz – B	2,24 ‰

Aufgabe

Ermitteln Sie die Entschädigung und begründen Sie Ihre Entscheidung.

18. Aufgabe

Situation

Ihr Kunde Karl-Heinz Lanke erlitt am 25. 1. 2008 einen Unfallschaden und sendet Ihnen am 8. 5. 2008 folgendes Schreiben zu:

Karl-Heinz Lanke 7. 5. 2008
Schrebertrain 2
58834 Laafte

An die
Proximus Versicherungen

....

Schaden-Nr. 2934

Sehr geehrte Damen und Herren,

nachdem die ärztliche Behandlung zunächst abgeschlossen ist, bitte ich um Abrechnung des Schadens und Überweisung der Leistung auf mein Ihnen bekanntes Konto, im Einzelnen handelt es sich um

- 27 % Invalidität gem. vorliegendem Gutachten
- 30 Tage Krankenhausaufenthalt, Bescheinigung anbei
- Gutachterkosten 250,00 €
- Belegkosten für Krankenhaus 30,00 €, s. Anlage.

Mit freundlichen Grüßen

Auszug Vertragsspiegel

Invaliditätsleistung mit Mehrleistungen	110 000,00 €
Todesfallleistungen	40 000,00 €
Krankenhaus-Tagegeld und Genesungsgeld	30,00 €
Übergangsentschädigung	5 000,00 €
Versicherungsnehmer	Karl-Heinz Lanke
Vertragsbeginn	15. 3. 2000

Aufgabe

Ermitteln Sie die Entschädigung und antworten Sie Herrn Lanke in einem Brief.

19. Aufgabe

Situation

Sie bereiten die abschließende Bearbeitung des folgenden Leistungsfalls vor:

Frau Gerda Audehm, geb. 12. 7. 1936, erlitt am 20. 1. 2008 nach einem Treppensturz einen Oberschenkelhalsbruch mit 60 % Funktionsbeeinträchtigung. Ein ärztliches Gutachten vom 25. 4. 2008 liegt vor.

Versicherungssumme Invalidität 55 000,00 € Modell 500

Aufgabe

Erläutern Sie Frau Audehm in einem Brief die Höhe der ihr zustehenden Leistung und ab wann diese gewährt wird.

20. Aufgabe

Situation

Aus Anlass eines Unfallschadens fragt die selbstständige Rechtsanwältin Hannelore Kraushaar an, welche Leistungen ihre Unfallversicherung zahlt, wenn sie sich über einen längeren Zeitraum – voraussichtlich 2,5 Jahre – mehrmals in stationäre Behandlung begeben muss. Dies wurde durch die behandelnden Ärzte bereits mitgeteilt.

Auszug aus dem Vertragsspiegel

VN/VP	Hannelore Kraushaar
Geburtsdatum	3. 1. 1969
Vertragsbeginn	1. 1. 1998
Leistungsarten	
Invalidität 350 Modell	125 000,00 €
Tod	50 000,00 €
Krankenhaus-Tagegeld	40,00 €
Tagegeld ab dem 8. Tag	25,00 €
Übergangsentschädigung	5 000,00 €
kosmetische Operationen	5 000,00 €

Aufgabe

Erläutern Sie Frau Kraushaar bezogen auf die versicherten Leistungen die notwendigen Einzelheiten.

21. Aufgabe

Zwei Freunde, Robert Nordmann und Ralf Baum, unternehmen eine Wanderung durch den Bayerischen Wald. Bei einer Rast wird Robert von einer Wespe am Hals gestochen. Robert ist gegen das Wespengift allergisch. Sein Hals schwillt nach kurzer Zeit so stark an, dass er erstickt.

Sein Freund Ralf zieht sich einen Zeckenbiss zu. Er misst der kleinen Verletzung keine Bedeutung bei. Die Infektion führt ein Dreivierteljahr später zu einer bleibenden Einschränkung der Leistungsfähigkeit von 50 %. Ralf und die Hinterbliebenen von Robert beanspruchen Leistungen aus der Unfallversicherung.

Todesfallsumme Nordmann 20 000 €
Invaliditätssumme Baum 60 000 € Modell 500

Bitte begründen Sie Ihre Regulierungsentscheidung.

22. Aufgabe

Sie sind Mitarbeiter/-in in der Leistungsabteilung Unfallversicherung der Proximus Allgemeine Versicherung AG. Aus der Tagespost entnehmen Sie folgendes Schreiben Ihres VN Peter Kurz.

> Peter Kurz
>
> Proximus Allgemeine Versicherung AG
> Postwiese 13–15
>
> 80345 München
>
> Sehr geehrte Damen und Herren,
>
> leider hat sich mein Gesundheitszustand als Folge meines Unfalls vom 12. 2. 2007 verschlechtert. Am 10. 10. 2008 musste ich erneut das Krankenhaus aufsuchen, da sich die Durchblutungsstörungen als Folge der damaligen Erfrierungen verstärkt hatten. Trotz ärztlicher Sofortmaßnahmen musste mir jedoch die große Zehe am linken Fuß abgenommen werden. Am 20. 10. 2008 konnte ich das Krankenhaus wieder verlassen.
>
> Aus dem beigelegten Arztbericht ersehen Sie eindeutig, dass es sich um eine Folge des damaligen Unfalls handelt.
>
> Bitte überweisen Sie die mir aus meiner Unfallversicherung zustehende Leistung auf mein Konto.
>
> Mit freundlichen Grüßen

Aus der Akte von Herrn Kurz entnehmen Sie folgenden Tatbestand:

Herr Kurz wurde bei einem Flugzeugabsturz, der sich bei einem Flug über die Anden in Peru am 12. 2. 2008 ereignete, schwer verletzt. Erst nach 8 Tagen wurde die kleine einmotorige Maschine direkt neben einem Gletscher von einem privaten Such- und Bergungstrupp entdeckt. Herr Kurz hatte mehrere Brüche und Erfrierungen an den Füßen. Außer den leichten Durchblutungsstörungen im linken Fuß wurden keine weiteren bleibenden Schäden festgestellt. Eine Leistung hat Herr Kurz hierfür nicht erhalten. Herr Kurz hat bei Ihrer Gesellschaft eine Unfallversicherung mit folgenden Leistungen abgeschlossen:

Invalidität: VS 100 000,00 € mit Progression 500
Krankenhaus-Tagegeld und Genesungsgeld: 30,00 €
Todesfall: VS 50 000,00 €

Die Beiträge wurden regelmäßig bezahlt.

Notieren Sie als Vorlage für Ihren Gruppenleiter mit Begründung, welche Leistungen Herr Kurz aufgrund seines erneuten Briefes zu erwarten hat.

23. Aufgabe

Für Ihren Versicherungsnehmer Ludwig John besteht eine Einzelunfallversicherung mit vereinbarter Todesfallleistung von 50 000,00 € und Invaliditätsleistung von 100 000,00 €. Herr John war am 1. 2. 2008 in einen Verkehrsunfall verwickelt, der am 1. 4. 2008 zur Amputation seines rechten Beines führte. Ein grundsätzlicher Leistungsanspruch bezüglich dieses Unfalls besteht bereits.

In der Silvesternacht 2008/2009 verunglückt Herr John als Passagier in einem Düsenjet bei einem Flugzeugabsturz tödlich. Die bezugsberechtigte Ehefrau fordert nun Anfang 2009 vom Versicherer 150 000,00 € Entschädigung, bezogen auf beide Unfallereignisse.

Frage

Sie wollen die Ehefrau zurückrufen und zu ihren Forderungen Stellung nehmen. Bereiten Sie sich stichwortartig auf dieses Telefonat vor. Begründen Sie dabei auch Ihre Entscheidung.

Stichwortverzeichnis

W

Z

VVW KARLSRUHE

Standardwerk

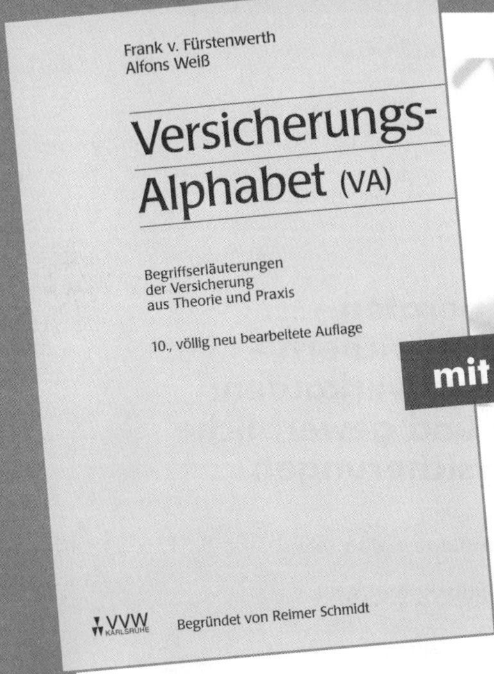

mit mehr als 5.500 Stichworten

VersicherungsAlphabet (VA)

Dr. Jörg Frhr. Frank v. Fürstenwerth und
Dr. Alfons Weiß

10. Auflage, 2001, VIII u. 772 S.,
16,3 x 24,6 cm, geb., € 24,–
ISBN 978-3-88487-896-5

Versicherungs-Know-how von A-Z!

Das VersicherungsAlphabet ist seit über 50 Jahren ein unentbehrliches Standard-Nachschlagewerk zu Begriffen aus der Versicherungswirtschaft. Ein täglicher Begleiter und wertvoller Ratgeber mit verlässlichen und fundierten Informationen für Ausbildung und berufliche Praxis.

Schlagen Sie einfach nach und nutzen Sie das VersicherungsAlphabet für Ihren Erfolg!

Verlag Versicherungswirtschaft

Postfach 64 69 · 76044 Karlsruhe · Tel. 0721 3509-0 · Fax 0721 3509-201

www.vvw.de